思 维 的 盛 宴
激发无限潜能的智力开发游戏

激发无限潜能的智力开发游戏
JI FA WU XIAN QIAN NENG DE ZHI LI KAI FA YOU XI

思维的盛宴

激发无限潜能智力开发游戏

武瑛娟 主编

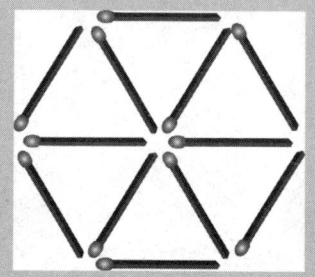

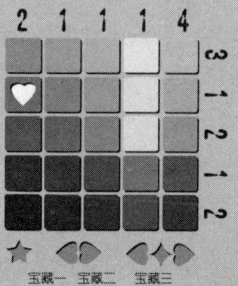

天津出版传媒集团
天津科学技术出版社

图书在版编目（CIP）数据

激发无限潜能的智力开发游戏 / 武瑛娟主编．—天津：
天津科学技术出版社，2012.5（2021.6重印）
（思维的盛宴）
ISBN 978-7-5308-6944-4

Ⅰ.①激⋯　Ⅱ.①武⋯　Ⅲ.①智力游戏
Ⅳ.①G898.2
中国版本图书馆CIP数据核字（2012）第085326号

思维的盛宴——激发无限潜能的智力开发游戏
SIWEI DE SHENGYAN ——JIFA WUXIAN QIANNENG DE ZHILI KAIFA YOUXI

责任编辑：杜宇琪
责任印制：刘　彤

出　　版：	天津出版传媒集团
	天津科学技术出版社
地　　址：	天津市西康路35号
邮　　编：	300051
电　　话：	（022）23332399
网　　址：	www.tjkjcbs.com.cn
发　　行：	新华书店经销
印　　刷：	永清县晔盛亚胶印有限公司

开本 690×940　1/16　印张 10　字数 200 000
2021年6月第1版第4次印刷
定价：30.00元

人物介绍

小智家养的混血狗,好吃懒做,头脑简单,除了鼻子超级灵敏以外,似乎没有什么别的优点。

男孩,小学生,头脑聪明、观察细微,最喜欢用自己所学的科学知识来解决谜题,崇拜的名人是爱因斯坦和福尔摩斯,放学以后最喜欢到布瓜博士的实验室玩,因为那里到处都有谜题,就像是一个谜题的博物馆。

美美同班的英国留学生,喜欢推理和科学,头脑聪明,又有礼貌,常悄悄给美美一些提示,但美美却常常因过于注意小智的一举一动而觉察不出来。

思维的盛宴
激发无限潜能的 智力开发游戏

布瓜博士

美美

与小智同年的表妹，总是认为自己比小智更聪明，并且一直很想向别人证明这一点，但总是在关键时刻粗心大意，常常慢小智一步才解开谜题，也因此常觉得非常不甘心。

一个绝顶聪明的科学家，他什么都懂，知识丰富得像一本最全的百科全书，他甚至还能告诉你许多连百科全书上都没有的事情。他尤其喜欢收集一些奇奇怪怪的谜题，并用各种方法解决它们，而他的实验室就在小智家附近，所以在这里总是能看到小智和伙伴们的身影。

PS："布瓜"是法语pour quoi的谐音，在法语中是"为什么"的意思。

目 录

第一篇　逻辑游戏

1. 失控的机器人 / 2
2. 问什么问题 / 3
3. 野炊分工 / 4
4. 谁是老实人 / 5
5. 珠宝店的奖励 / 6
6. 按响门铃 / 7
7. 一个异常的小球 / 8
8. 哪个是果汁瓶 / 9
9. 乌龟赛跑 / 10
10. 魔球里的宝物 / 12
11. 赛马 / 13
12. 玻璃是谁打碎的 / 14
13. 分机器人 / 15
14. 小猫的名字叫什么 / 16
15. 谁是司机 / 17
16. 餐厅聚会 / 18
17. 旅游城镇 / 19
18. 谁在撒谎 / 20
19. 期末考试的成绩 / 21
20. 教授的课程 / 22

第二篇　图形游戏

1. 经典的几何分割问题 / 24
2. 翻转梯形 / 24
3. 变出三个正方形 / 25
4. 残缺变完整 / 25
5. 三份土地 / 26
6. 十四个正三角形 / 26
7. 奇形怪状的木板 / 27
8. 围墙 / 27
9. 切正方形 / 28
10. 火柴棍变形 / 29
11. 求婚的门槛 / 30
12. 复杂的图形 / 31
13. 形状奇特的生日蛋糕 / 32
14. 怎么切蛋糕 / 33
15. 怪爷爷的玩意儿 / 34

第三篇　规律游戏

1. 没法完成的作业 / 36
2. 丢失的稿纸 / 36
3. 数字模板 / 37
4. 找规律 / 37
5. 奇怪的绳圈 / 38
6. 找不同 / 39
7. 冬天还是夏天 / 40
8. 兔子的食物在哪里 / 41
9. 巧连星星 / 42
10. 吃掉什么饼干 / 43
11. 表格中的奥妙 / 44
12. 排列的规律 / 44
13. 填补丝巾 / 45
14. 填什么图形 / 46
15. 狗狗的难题 / 47
16. 有趣的日历 / 48

第四篇　探案游戏

1. 有趣的日历 / 50
2. 神秘的触电死亡 / 52
3. 鸡蛋的奥秘 / 53
4. 凶手的失误 / 54
5. 冰冷的椅子 / 55
6. 几颗樟脑丸 / 56
7. 智断毒酒案 / 57
8. 窗户上的冰花 / 58
9. 谁是偷画人 / 59
10. 睡衣的作用 / 60
11. 奇怪的梨 / 61
12. 树下的谋杀案 / 62
13. 独吞邮票 / 63
14. 没有作案时间吗 / 64
15. 巧妙的伪装 / 65
16. 弹壳在左侧 / 66
17. 一模一样 / 67
18. 敲门的窃贼 / 68
19. 能融化的子弹 / 70
20. 雪地上的脚印 / 72

第五篇　语言游戏

1. 同种颜色的糖果 / 74
2. 谁在前，谁在后 / 75
3. 猜猜扑克牌 / 76
4. 四兄弟 / 77
5. 八朵康乃馨 / 78
6. 说谎的小猫 / 80

7. 生日聚会 / 81

8. 外国游客 / 82

9. 谜样的抢劫案 / 84

10. 最简单的指路方法 / 86

11. 勇敢的探险家 / 87

12. 森林中的小镇 / 88

13. 说假话的指示牌 / 89

14. 杰克是哪国人 / 90

15. 一封神奇的国外来信 / 91

16. 谁在谁的左边 / 92

17. 裙子和玩具 / 93

18. 羽毛球能手 / 94

19. 品酒师的礼物 / 95

20. 两个电话 / 96

第六篇 数字游戏

1. 过河 / 98

2. 猎人的收获 / 99

3. 难解的债务关系 / 100

4. 自作聪明的盗贼 / 101

5. 巧填算式 / 102

6. 同笼的鸡和兔 / 103

7. 胡夫金字塔有多高 / 104

8. 如何分米 / 105

9. 三个桶的交易 / 106

10. 奇怪的数 / 107

11. 不成立的等式和戏份区域 / 108

12. 两个数字方格游戏 / 109

13. 粗心的管理员 / 110

14. 多少只羊 / 111

15. 和尚分馒头 / 112

16. 一台老钟 / 113

17. 什么时候相遇 / 114

18. 多少岁 / 115

19. 分橘子 / 116

20. 赚了多少 / 117

第七篇 观察游戏

1. 最高的人 / 120

2. 流动的竖线 / 121

3. 黑圆点不见了 / 122

4. 改变房子的朝向 / 122

5. 两位数学老师 / 123

6. 寻找正六边形 / 124

7. 一笔成图 / 125

8. 骰子构图 / 126

9. 立方体问题 / 127

10. 考眼力 / 128

11. 该涂黑哪些 / 129

12. 哪根绳子没打结 / 130

13. 错位的眼睛 / 130

14. 路线图 /131

15. 脑力检测表 / 132

16. 贪心的老鼠 / 133

17. 阿拉伯人的头巾 / 134

18. 顽皮的猫 / 135

19. 聪明的探长 / 136

第八篇　分析游戏

1. 奇怪的现象 / 138

2. 优优家的小鸭子 / 139

3. 奇怪的现象 / 140

4. 母鸡下蛋 / 140

5. 魔方的颜色 / 141

6. 不湿杯底 / 142

7. 复杂的碑文符号 / 142

8. 台历日期 / 143

9. 断开的风铃花 / 143

10. 坐哪一辆车 / 144

11. 谁胜谁负 / 144

12. 午夜的尖叫 / 145

13. 水果密码 / 146

14. 三位不会游泳的人 / 147

15. 暗藏陷阱的藏宝图 / 148

参考文献 / 149

第一篇

逻辑游戏

1. 失控的机器人

布瓜博士刚刚研发了一种新型保姆机器人，可以辅导孩子学习，给孩子讲故事。可是在最后程序输入的时候却出了一点问题：制作完成的3个样品机器人中，有一个永远都说真话，另一个却总是说谎话，还有一个则有时说真话有时说谎话，总是犹豫不决的。这下博士可犯了难：3个

机器人外表看上去一模一样，又是自己亲手制作的，实在是分辨不出。想来想去，博士只好请三个小伙伴来帮忙。

小智三个人看了看机器人，各问了一个问题。

小智问左边的机器人："谁坐在你的旁边？"机器人回答："诚实的家伙。"

美美问中间的机器人："你是谁？"机器人回答："总是犹豫不决的那个。"

迪奥问右边的机器人："坐在你旁边的是谁？"机器人回答："说谎话的家伙。"

你能根据上面3个问题及其回答，推测它们的身份吗？

小提示们

1. 左边是说谎话的机器人，中间是诚实的机器人，右边是犹豫不决的机器人。

假设左边的机器人是诚实的，则与它说的话矛盾；不对，所以左边的机器人不是诚实的机器人。那么，以左边的机器人是说谎的，中间的机器人是犹豫不决的人，则右边就是诚实的机器人了。

2. 问什么问题

在一次世界历史课上,老师讲述了这样一个有趣的故事:

在古代的欧洲,有A和B两个相邻的国家,A国的居民都是诚实可信的人,而B国的居民却从来不说真话。当你问一个问题时,A国居民会告诉你正确的答案,而B国居民给你的答案却都是错误的。

有一天,一位智者独自来到了两国交界处属于某个国家的一个小镇上。他分辨不清这里到底是属于A国还是B国,只知道这个小镇上的人既有本国的居民又有外国的来客。他想问这里的人"这是A国还是B国",却又无法判断被问者的答案是否正确。

智者动脑筋想了一会儿,终于想出一个办法,他只需要问他所遇到的任意一个人一句话,就能从对方的回答中准确无误地断定这里是属于哪个国家。

 你知道智者所问的是什么问题吗?

思路说明

你是这个国家的居民吗?

智者所问的问题是:"你是这个国家的居民吗?",如果对方回答为"是",这里一定是A国;如果回答为"否",这里一定是B国。

这是因为,如果这里是A国,那么A国的人说的是真话,他的回答就是"是";而B国的人说的是假话,所以这个外国的居民也会回答为"是"。同样的道理,当对方回答为"否"时,这里就一定是B国。

3. 野炊分工

一个春暖花开的好天气，小智的学校组织春游。瞧，小伙伴们正在老师的带领下开心地做着野炊的各种准备呢。

小智、美美、小亮和迪奥4个人正在认真的干着活，他们一个在挑水，一个在烧水，一个在洗菜，一个在淘米。现在知道：小智不洗菜也不挑水；美美不挑水也不淘米；如果美美不洗菜，那么小亮就不挑水；迪奥既不挑水也不淘米。

你知道他们各自在做什么吗？

关关说明

将题目中的4件事情编上号，挑水为①、②、④可以得出：小智可能淘米、烧水，美美可以烧水或者洗菜，迪奥可能烧菜或烧水。

根据条件③，假设美美不洗菜，所以美美烧水，淘米，小亮淘米，但是又跟条件③相矛盾，所以不成立。

因此可知，美美在洗菜，迪奥在烧水，小智在淘米，而小亮在挑水。

小智淘米，美美洗菜，小亮挑水，迪奥烧水。

4. 谁是老实人

小伙伴们吃着自己做好的午餐，一个个无比开心。收拾完剩下的垃圾后，老师将同学们集合起来，兴奋地说："接下来我们就要开始寻宝游戏了，大家一定要开动脑筋，看谁能最先找到我们的神秘宝箱。"

第一个提示：甲、乙、丙、丁、戊5个人当中，有2个人是从来不说谎的老实人，但是另外3个人是总说谎话的骗子。

下面是他们所说的话：

甲："乙是骗子。"
乙："丙是骗子。"
丙："戊是骗子。"
丁："甲和乙都是骗子。"
戊："甲和丁都是老实人。"

请根据以上的对话，找出两位诚实的人，从他们手中的卡片上得到下一个提示。

小提示们

假设乙是老实人，那么乙所说的话都对，戊就成了骗子的人。

如果假设丁是老实人，那么甲乙就都是骗子的人，但丁是老实人的来，乙就成了老实人。但是根据丁是老实人的话，甲和丁都是老实人。

根据戊是老实人的话，甲和丁都是老实人，她说的人是丁了，所以甲也不是。

最后看剩下的甲和丙所说的话，可以推断目的是件相吻合，所以由甲丙是老实的人。

5. 珠宝店的奖励

小智和伙伴们按照卡片上的提示找到了公园的观光小火车站,只见站台上的告示牌上贴了一道谜题,谜题旁边一个挂钩上挂着一条由七个圆环组成的金属链。谜题中写道:

莉莎在一家珠宝店工作,她工作认真,成绩突出,于是珠宝店决定奖励她一条金链。这条金链由7个金环组成。但是珠宝店规定,每周她只能领一个金环,而且切割费用要由自己负责。

这让莉莎感到为难,因为每切一个金环,就需要付一次昂贵的费用,再焊接起来还要一笔费用,想想真不划算。

聪明的莉莎想了一会儿之后,发现了一个不错的方法,她不必将金链全部分开成7个金环了,只需要从中取出一个金环,就可以每周都领一个金环。

 你知道莉莎是怎么做到的吗?

笑笑说明

只取下第三个金环。

取下第三个金环,把после1个金环、2个金环、4个金环共三组搭配。第一周:领取1个金环;第二周:领取2个金环,退回1个金环;第三周:再领1个金环;第四周:领取4个金环,退回1个和2个金环;第五周:再领1个金环;第六周:领取2个金环,退回1个金环;第七周:再取最后一个金环。

6. 按响门铃

美美打开第三个金属环，果然从里面找到了第三个提示。几个人根据提示来到小山上一栋造型奇特的房屋前，发现这栋房子的门前竟然有6个门铃按钮。

按钮旁一块小牌子上写道：这里有6个按钮，但是其中只有一个是真正接通门铃的。来访者只要按错了一个按钮，哪怕是和正确的按钮同时按下，整个电铃系统也将立即停止工作。来人将不能进入房屋。以下是关于按钮的描述："A在B的左边；B是C右边的第三个；C在D的右边；D紧靠着E；E和A中间隔一个按钮。请按上面没有提到的那个按钮。"

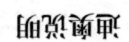这6个按钮中，接通门铃的按钮处于什么位置呢？请你选择正确的按钮按下去，并进入房屋。

图解说明

由"A在B的左边"，可加为"AB"（不一定紧靠）；由"B是C右边的第三个"，可加为"CXXB"；由"C在D的右边"，可加为"DC"；由"D紧靠着E"，可加为"ED"；由"E和A中间隔一个按钮"，可加为"EXA"。将以上排列顺序归纳，按米和接起用上笔尖，则可得出加多排列为：D、E、C、A、F、B，其中不为加数的F（即为没有被提到的草正接通门铃的按钮。

按响门铃的按钮处于从左边数第五位。

如果用华尖从左接起，则6个按钮目左至右的顺序依次是D、E、C、A、F、B。

7. 一个异常的小球

迪奥伸手按响了正确的门铃，伙伴们顺利地进入了奇怪的房屋。屋子里的灯光一下子明亮起来，大厅中央摆着一张不太大的木质圆桌，桌子上放了一个盒子和一架天平。小伙伴们好奇地围上去看，发现盒子里有12个看起来一模一样的小球，旁边的天平虽然是完好的，但是砝码却怎么也找不到。

天平下压着一张纸条，上面写着：如果你能够来到这里，那么恭喜你，你已经通过了超过一半的关卡，不过接下来的谜题也将会越来越困难，所以请继续加油！

现在，请解开下面这道难题：这里有12个外表完全一样的小球，其中只有一个的重量与其他小球有所不同（可能轻也可能重）。

要求用桌上的天平称量3次，找出重量异常的小球。

小蔡说明

将12个小球分别编号1～12，分成A、B、C三组，每组为4个小球，A组为1，2，3，4；B组为5，6，7，8；C组为9，10，11，12。取A、B两组放在天平两端，有两种可能：

① 若两组重量相等，则12个小球中，第三次可判断哪个较重。
1，2，3 好比。
如果两组重量相等，则12个苹果中，可以找到较重或较轻的那一个。第三次取9和10称称，如相等，则11和12中重的即为异常。

② 若两组重量不相等，可假设A组较重，记录第二步。
第二步假设较重A组重，则将1，2，5与3，4，6各称称，
如果重量相等，则说明在7，8中，且目前较7和8再来称，较轻者即异常的。

如两组重量相等，则第1，2，2比相等，则第三次看1与2相比，如果1比2比相等，则能找出其中较重的一个。反之同理。

8. 哪个是果汁瓶

小智从称得的异常小球中取出一张纸条，纸条上写道：请从屋后上楼并通过镜子迷宫。

伙伴们花了很长时间终于来到了镜子迷宫的出口处，只见这里有四扇门，门旁的台子上各有一瓶饮料，旁边一块牌子写道："这4个瓶子里分别装有牛奶、绿茶、可乐和果汁，但是装

有果汁的瓶子上的标签是假的，其他的瓶子上的标签都是真的。请根据瓶子上的标签，在不打开瓶子的情况下，找出每个瓶子里分别装的是什么饮料，然后从摆放果汁瓶的那扇门口进入下一个挑战。"

甲：乙瓶子里装的是牛奶。

乙：丙瓶子里装的不是牛奶。

丙：丁瓶子里装的全是可乐。

丁：这个标签是最后贴上的。

 果汁瓶到底是哪一个呢？

笑笑说明

丙瓶子是果汁瓶。

假设甲瓶是果汁，则由此甲标签是假，乙、丙、丁标签是真，但乙、丁标签牛奶，与假设相矛盾。

假设乙瓶是果汁，则由乙标签知丙瓶中牛奶，与假设相矛盾。

假设丙瓶是果汁，则乙、丁标签由甲、丙可推出，丁标签是真，可以成立。

假设丁瓶是果汁，则与丙标签相矛盾。

所以，丙瓶子是果汁瓶。

9. 乌龟赛跑

小智、美美和迪奥通过镜子迷宫出口的楼梯，来到了奇怪小屋的第三层，这里同样有着四扇门，门上分别写着"东"、"南"、"西"、"北"。屋子中间圈了一块小型"运动场"，里面有4只乌龟，龟背上分别挂着"小东"、"小南"、"小西"、"小北"的字样。"运动场"的旁边摆放着一块题板：

这里是小东、小南、小西、小北4只乌龟，它们在本周照惯例进行了赛跑。与上一次的比赛一样，这一次也没有出现两只乌龟"并列第一"的情况。并且，上次比赛的第一名并不是乌龟小西。

4只乌龟各说了一句话，在比赛中名次比上一次下降的乌龟撒了谎，而名次没有下降的乌龟则说了实话。

小东："小南上次是第二名。"

小南："小西这次是第二名。"

小西："小北这次比上次位置上升了。"
小北："小东这次名次上升了。"

请推测出4只乌龟在这次和上次比赛中各是第几名，并从名次没有改变的乌龟所代表的方向进入最终的宝藏所在之处。

推理说明

假设小西的话是真，那么小北的话也是真了。从小北上次第四名，这次上升了小北这次第一名或第二名，这次上升了小东上次是第二名，那么小南上次上升了。因此，假设小南的话是真，所以小南这次也上升了。但是小西和小东这次没有一个是第一名……①

所以，小南的话是假话，而且小北的话也没有上升，由于小东不是第一名，这次又上升了，所以小东这次只能是第三名。这就说，小南的话是假，小北的话是假，这样不符合题意。

所以，根据①可知小西和小北的话也没有变化，根据题目的话（真话），小东没上升了。

从小东的话（来看），小南上回是第二名，这回上升了是第一名或第二名。假设小南上回第三名，这回是第四名，同样小东不能是第一名，小东第二名，那么小西上升了，所以，小北是第一名，小东是第二名。

10. 魔球里的宝物

迪奥用力打开北门，三人穿过一道长长的楼梯，来到了奇怪小屋楼上的瞭望塔楼。在这里，他们看到了一个熟悉的身影正笑呵呵地欢迎他们，原来正是布瓜博士。

三个小伙伴愣了一下，小智首先开了腔："原来博士才是幕后的策划人，我还在纳闷老师们去哪里找来这么多的谜题呢！"美美看了看四周，接着问道："可是，神秘的宝箱到底在哪里呢？"

博士走到桌子前，拿出了一块题板，说："如果你们能解出最后这道题，就能得到神秘的宝箱了。"

"5个魔球里分别装有红、绿、黄、黑、蓝5种颜色的宝石。博士让A、B、C、D、E 5个人猜魔球里宝石的颜色，猜中了就把里面的宝石奖给他。

A：第二个魔球里是蓝色的宝石，第三个魔球里是黑色的宝石。
B：第二个魔球里是绿色的宝石，第四个魔球里是红色的宝石。
C：第一个魔球里是红色的宝石，第五个魔球里是黄色的宝石。
D：第三个魔球里是绿色的宝石，第四个魔球里是黄色的宝石。
E：第二个魔球里是黑色的宝石，第五个魔球里是蓝色的宝石。
答案揭晓后，每个人都猜对了一个，且每人猜对的颜色都不同。"

请问：每个魔球里分别装了什么颜色的宝石？

第一个魔球里是红色的宝石，第二个魔球里是绿色的宝石，第三个魔球里是黑色的宝石，第四个魔球里是黄色的宝石，第五个魔球里是蓝色的宝石。

小智说明

假设A阳说"第二个魔球是蓝色的"，则问它们的颜色都一样，即从A阳说"第三个魔球是绿色的"，是对的。因对D说"第四个魔球是黄色的"，是对的。E说"第五个魔球是蓝色的"，是对的。C说"第一个魔球是红色的"，是对的。B说"第二个魔球是绿色的"，是对的。

因此可以得出第一个魔球是红色的宝石，第二个魔球是绿色的宝石，第三个魔球是黑色的宝石，第四个魔球是黄色的宝石，第五个魔球是蓝色的宝石。

11. 赛马

小智、迪奥、美美终于解出了最后的谜题，布瓜博士从桌下拿出神秘宝箱，慢慢地将它打开，小伙伴们紧张而又兴奋地凑上前去看。

宝箱打开了，里面有3枚漂亮的智慧奖牌和3枚亮闪闪的布瓜智能解谜团的团员胸针。小伙伴们一声欢呼，兴奋地带上了奖牌和胸针，然后同布瓜博士的手掌叠在一起，高呼："布瓜智能解谜团，成立！"

美美从口袋里掏出一道谜题，对博士说："博士考了我们这么多谜题，我也要考考你，请你解开这道题吧。"

"甲、乙、丙、丁4匹马赛跑，它们共进行了4次比赛。结果是甲快乙3次，乙又快丙3次，丙又快丁3次。很多人会以为，丁跑得最慢，但事实上，丁却快甲3次，这看似矛盾的结果可能发生吗？"

 这4匹马的名次究竟如何呢？

这样的结果是可以发生的。

博士说明

甲喜欢可以列出顺序：甲……乙、乙、乙、丁、丁、丁、甲……各3次。

从题意可以知道，甲只有一次比乙慢，乙只有一次比丙慢，丙只有一次比丁慢，而丁只有一次比甲慢，可得出4次比赛排列：乙……丙……丁……甲……。

按以上两组顺序排列组合，可得出以下的来样，即可以交生的结果：

第一次比赛：甲、乙、丙、丁
第二次比赛：乙、丙、丁、甲
第三次比赛：丙、丁、甲、乙
第四次比赛：丁、甲、乙、丙

12. 玻璃是谁打碎的

布瓜智能解谜团成立已经一周时间了，小团员们不仅努力地搜集谜题，也开始帮助别人解谜破案了。

有一天，甲、乙、丙、丁4个小朋友在楼下的空地上踢足球。其中一个孩子不小心把足球踢到楼上，打碎了木阿姨家的玻璃。木阿姨生气地拿着球走下楼来，问这是谁干的。甲说是乙干的，乙说是丁干的，丙说他没干，丁说乙在撒谎。这4个小朋友当中，有3个说了谎话。

可是木阿姨实在分辨不出，只好请来解谜团的团员们来帮忙。

 到底是谁打碎了木阿姨家的玻璃？

12. 是丙打碎了木阿姨家的玻璃。

思路说明

从4个小朋友的话中看起，乙和丁中一定有一个孩子在说谎，假设乙没有说谎，那么这件事就是丁做的，而丙说的话是真实的，但是应该是只有一个于说谎的，所以与题意不符，乙在说谎，也就是说，这4个孩子中，只有丁说了实话，其他孩子都在撒谎。因此从乙的话中可以得知，丢球的不是丁，而事实上又有一个孩子打破了玻璃，所以一定是丙打破的玻璃。

13. 分机器人

一个假日，布瓜博士和智能解谜团的伙伴们一起带着32个新制作的玩具机器人，去儿童游乐中心送给在那里玩耍的孩子们。

这一天，一共有8个孩子来分32个机器人，分法如下：女孩安妮得到1个机器人，艾玛得到2个，雪莉3个，卡莲4个。男孩凯文·史密斯得到的机器人和他的妹妹一样多，汤米·安德鲁得到的是他妹妹的2倍，比利·怀特分得的机器人是他妹妹的3倍，乔尼·布莱克得到的是他妹妹的4倍。请你猜猜上面4个女孩的姓氏。

（提示：在西方人名中，如汤米·安德鲁，姓氏居后，即安德鲁。）

 谁和谁是兄妹？

4个女孩共得到了10个机器人，还剩下22个机器人被4个男孩分得。

假设卡莲是布莱克，则乔尼·布莱克分了16个机器人，其他男孩分了6个机器人，不能刚好分完，不成立。

假设卡莲是怀特，则比利·怀特分了12个机器人，其他男孩分了10个机器人，不能刚好分完，不成立。

假设卡莲是安德鲁，则汤米·安德鲁分了8个机器人，其他男孩分了14个机器人，已经没有空额，只有史密斯兄妹、怀特兄妹和布莱克兄妹组合时，每组男孩分得的机器人数各不相同，所以卡莲就是史密斯，4个女孩的姓氏分别是：安妮·布莱克、艾玛·怀特、雪莉·安德鲁、卡莲·史密斯。

14. 小猫的名字叫什么

馋嘴的小P不知怎么吃坏了肚子，小智只好找来美美一起带小P去看宠物医生。

宠物医院的候诊室里挂着各式各样宠物们的可爱照片，其中最大的一张照片上有6只无比可爱的小猫咪。护士说这6只小猫咪都是兄弟姐妹，它们虽然看上去一模一样，但是各自的名字性格都不同，而且它们已经被6位主人分别领养走了。

如果将这6只小猫咪编为A、B、C、D、E、F，那么：

①叫做"喵喵"的是在上面一排里。
②叫做"小小"和"球球"的在同一排里。
③叫做"小小"的(不是D)在"喵喵"的左边。
④"球球"的左边是"B或E"，"黑黑"在中央位置(B或E)。
⑤叫做"忽忽"的在"柔柔"的右侧。

 请问：这6只小猫的名字分别叫什么？

15. 谁是司机

打完针、买好药，小智和美美带着有气无力的小P回家。路过火车站时，他们听到才下车的3名乘客正在谈论一件趣事。

姓氏分别为A、B、C的3个人在火车上担任乘务员、售票员和司机（不一定按此顺序排列）。有一天，火车上只有3位乘客，他们分别来自3个不同的城市。很凑巧，这3位乘客的姓氏也是A、B、C，暂且称他们为A先生、B先生和C先生。另外还知道：

①C先生住在北京市。
②乘务员住在上海和北京之间。
③住在上海的乘客和乘务员同姓。
④乘务员的一位邻居也是一位乘客，他挣的工资正好是乘务员工资的3倍。
⑤B先生一年只挣2 000元，他的生活要靠朋友救济。
⑥A的台球打得比售票员好。

根据以上信息，你知道谁是司机吗？

15. A是司机。

美美说明

由①③可知A先生、B先生中有一位住在上海，且A、B两人中有一人为乘务员，因此B先生为乘务员。

由②、④、⑤可知A先生不是乘务员的邻居，两人均住在上海和北京之间，而B先生住在上海。因此A先生非乘务员，由⑥可知A不是售票员，因此A为司机。

16. 餐厅聚会

周末，小智和美美到迪奥家做客，遇上迪奥正在念大学的哥哥罗恩回家。3个人好奇地向罗恩打听起了大学里的有趣生活。

罗恩说，他有7个好朋友，性格很相投，每周都要到同一个餐厅去吃饭。但是他们去餐厅的次数不同。大块头每天必去，沙沙每隔1天去1次，米米每隔2天去1次，罗恩每隔3天去1次，阿布每隔4天去1次，小惠每隔5天去1次，次数最少的是玛奇，每隔6天才去1次。

昨天是2月29日，他们7个人愉快地在餐厅碰面了。他们有说有笑，憧憬着下一次碰面时的情景。

 可是他们下一次相聚餐厅将会是在什么时候呢？

是第二年的4月24日。

 游戏说明

7个好朋友去餐厅次数多少不同，但他们每天都在餐厅里碰面一次，这7个天数加1就是他们重聚一次所隔的天数。1～7的数的最小公倍数，1～7的最小公倍数是420，也就是说，他们间隔419天能相聚于餐厅。因为上一次相聚是在2月29日，可知这一年是闰年，那么第二年2月份就只有28天一推可推。由此可推，他们下一次相聚着是在第二年的4月24日。

17. 旅游城镇

一个著名的旅游城镇里有一家餐厅、一家百货商场和一家蛋糕店。迪奥一家到达旅游城镇的那一天，蛋糕店正好开门营业。这个旅游城镇一星期中没有餐厅、百货商场和蛋糕店全都同一天开门营业的。百货商场每星期开门营业4天，餐厅每星期开门营业5天，星期日和星期三这3家店都关门休息。在到达后连续的3天中：

第1天，百货商场关门休息；
第2天，蛋糕店关门休息；
第3天，餐厅关门休息。

在另外的连续3天中：
第1天，蛋糕店关门休息；
第2天，餐厅关门休息；
第3天，百货商场关门休息。

 请问：迪奥一家到达旅游城镇是一个星期七天中的哪一天呢？

星期一。

根据已知条件可知，餐厅在星期一、星期二、星期四、星期五和星期六开门营业，在星期日和星期三关门休息。当其中连续3天餐厅关门时，这连续三天肯定在星期日、星期一和星期二，或者星期二、星期三和星期四。因为一星期中没有一天三家店同时开门的日子，所以蛋糕店在星期四和星期五一定是关门的，而蛋糕店在星期六、星期日和星期一也是关门的，所以蛋糕店开门的一天一定是星期二。

18. 谁在撒谎

美美班上有5个学生,在接受学校的小记者团采访时说了下面这些话,其中有真话也有谎话,记者团的小记者请来美美帮忙判断他们之中有几个人撒了谎。

小究说:"我上课从来不打瞌睡。"

小流说:"小究撒谎了。"

小静说:"我考试时从来不作弊。"

小惠说:"小静在撒谎。"

小金说:"小静和小惠都在撒谎。"

 请问:有几个人撒了谎?

18. 3个人撒了谎。

 美美说明

假如小流说的话是真的话,那么小究说的话就是假的,相反,如果小究说的话是真的话,那么小流说的话就是假的,据此推测,小流和小究之间必定有1个人在撒谎。以此类推,小惠和小静中间一定有1个人在撒谎,而小金一定在撒谎,所以5个人中应该有3个人在撒谎。

19. 期末考试的成绩

期末考试结束了,妈妈问起美美的成绩,美美连忙转移话题,说起了隔壁班。

隔壁班的小琳、小美、晨晨、小综分别获得了前4名。成绩公布前,他们各做了一次自我的估计:

小琳说:"我不可能得到第4名。"
小美说:"我能得到第2名。"
晨晨说:"我比小琳高1个名次。"
小综说:"我比晨晨高2个名次。"

成绩公布之后,他们之中只有一个人估计错了。

你知道他们各自得了第几名,又是谁估计错了呢?

游戏说明

小琳得了第4名,小美得了第2名,晨晨得了第3名,小综得了第一名,只有小琳估计错了。

假设小琳估计对了,那么小琳得第4名,小美得第2名,晨晨得第三名,小综得第一名,可以成立。

假设小美估计错了,那么小美可能第一、三或四名,小琳可能第一或二、三名,晨晨可能第一、二或三名,小综与晨晨没有关系,不能成立。

假设晨晨估计错了,那么小美得第二名,小琳得第一或三名,晨晨得第一名,不能成立。

假设小综估计错了,那么小美得第二名,小琳得第一或三名,晨晨得第一名,不能成立。

小综的估计与实际没有关系,不能成立。

20. 教授的课程

布瓜博士带着智能解谜团的小伙伴们来到超级科技大学附中参观时,听说学校里有3位非常优秀的教授:郑教授、付教授、林教授,3个人每人分别担任生物、物理、英语、体育、历史和数学6门科目中两门课程的教学工作。但是他们知道以下的信息:

① 物理教师和体育教师是邻居。
② 郑教授是3个人中年龄最小的。
③ 林教授、生物教师和体育教师3个人经常一起从学校回家。
④ 生物教师比数学教师年龄要大些。
⑤ 假日里,英语教师、数学教师与郑教授喜欢打篮球。

你知道3位教授各担任哪两门课程的教学工作吗?

---

20. 郑教授教历史和体育,付教授教英语和生物,林教授教数学和物理。

博士说明

由②、④可知郑教授一定不是生物教师,由③可知林教授也不是生物教师,由⑤可知林教授不是英语教师,由①可知林教授也不是体育教师,由此可知林教授教历史和物理,再根据⑤可以得出郑教授教历史和体育,付教授教英语和生物。

第二篇

图形游戏

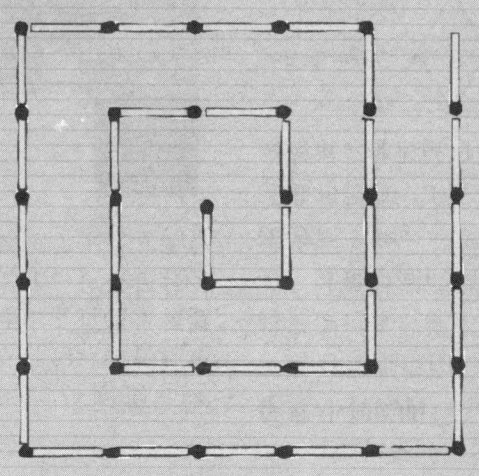

1. 经典的几何分割问题

自从参观完"神奇视觉艺术展",美美突然喜欢上了图形中的谜题,然后就一直努力搜集一些图形谜题,这不,她正在那边喜滋滋地整理呢。

这是一道经典的几何分割问题。

请将上面这个图形分成四等份,并且每等份都必须是现在图形的等比例缩小版。

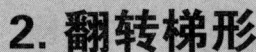

 到底应该怎样分呢?

2. 翻转梯形

小智才一进门,就被美美拉着一起加入到解图谜题的行列中。

右图是由23根火柴棍摆成的含有12个小三角形的梯形。

 最少要移动几根火柴棍,才可以让它倒转过来呢?

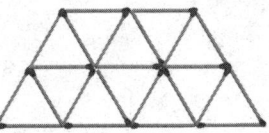

1.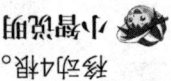

分图形之难,难在要让分出来每一等份的样子,也要与原来的图形一样。这该怎么办呢?这样就要重复把原来的图形缩小了,可是画了几张仍不满意,剩下的图形应该画成了像又为的,你画好了吗?

2.

 小智说明

仔细观察图形,正的梯形和倒的梯形只要有一个的位置重叠起来的,就是中间的那根为公共边。此时左边少4个角,一共有4根火柴棍也正是它们的所以要移动4根火柴棍,梯形就可以翻转过来了。

3. 变出三个正方形

美美还是觉得不过瘾,说:"干脆把迪奥也一起叫来吧,我们一起研究。"

小智立刻赞同:"好主意。我们还可以去布瓜博士的实验室,那里有黑板,还有各种工具。"

于是3个人来到布瓜博士实验室,找来一大盒火柴,倒在桌子上摆弄起来。

右图是用24根火柴棍排成的一大一小两个正方形,只能移动其中的4根火柴棍,使它变成3个正方形。

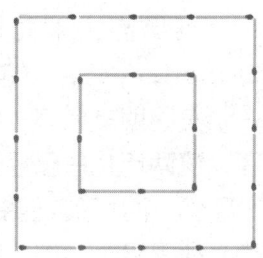

 你可以做到吗?

4. 残缺变完整

布瓜博士见3个小伙伴认真地在桌子上拼拼画画,好奇地走过去,问道:"小解谜专家,你们在做什么呢?"

小智拿起一张图给博士看,说:"我们在想怎么样将这个残缺的图形,用两条直线切成3块,然后用这3块重新拼成一个正方形。"

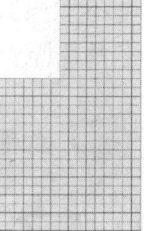

 你知道应该怎样切吗?

3.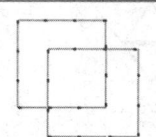

你知道我挪动了哪几根火柴棍吗?看多长时间能猜到哦。

4. 马上拼图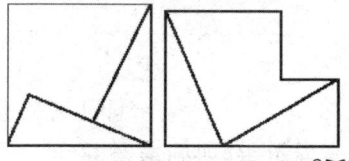

这题可要多动脑筋啦!答案有一点难度。

5. 三份土地

布瓜博士解完题，想起了不久前收到的一封 E-mail，一边用火柴棍摆着图形，一边说道："我的一个美国朋友拥有一座农场，形状如右图。他有3个儿子，这两年儿子已经长大了，农场主决定把地分成3份分别给3个儿子。他要求不仅土地的面积一样大，形状也必须得相同。"

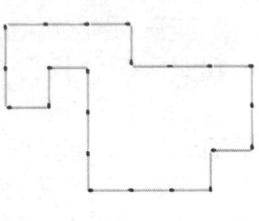

 你们知道需要增加几根火柴棍才能按要求摆出分地示意图吗？

6. 十四个正三角形

布瓜博士接下来在黑板上画了4个正三角形，对小伙伴们说："你们能不能再添加一个正三角形，使这幅图变成14个正三角形呢？要仔细想一想哦。"

 你能做到吗？

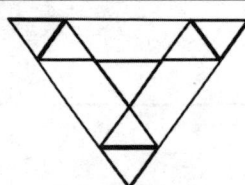

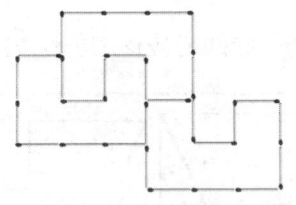

5. 一共需要增加7根火柴，摆法如下图：

6. 答案图
我们已有的所有三角形最右侧的顶点连接起来，就能够延长一条一个正三角形，这个图形中就有14个正三角形，如下图所示。

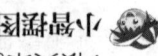

7. 奇形怪状的木板

迪奥的爸爸下班回家，带回了一块奇形怪状的木板（下图）。周末，爸爸想让迪奥帮忙把它拼成一个正方形，但前提是最多只能锯两次。迪奥犹豫着看了半天。

 迪奥到底应该怎么锯呢？

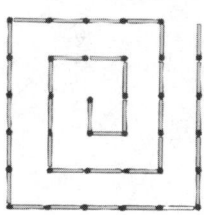

8. 围墙

受到了美美的"传染"，小智最近也迷上了图形谜题。一放学，他就急忙来到布瓜博士的实验室，拿出一大盒火柴棍，用其中的35根围成一个螺旋形的围墙。然后请布瓜博士移动其中的4根火柴棍，将图形拼成4个封闭的大小不一样的正方形。

 怎样才能拼好呢？

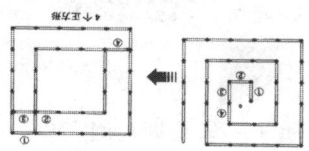

7. 迪奥说明

木板的形状有些怪异，但是仔细地观察就会发现其组合的规律也和木板是一样的（算角）。因此只需找到一个合适的地方将它们锯开，再用多余的部分填补上少许的部分，就可以构成一个正方形了，如下图所示。

8. 拼士指围

正方形都是封闭的，所以要先将螺旋形图形的开口堵上，再将正确的棒放为束的一个地方，如下图所示。

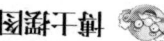

9. 切正方形

玩到兴起，布瓜博士也想出了一道谜题来考验小智：
一个正方形的桌面有4个角，切去一个角，还剩下几个角呢？
不要过于轻率地认为这只是一个简单的减法。

 仔细想一想，会有什么样的结果呢？

 小智说明

一共有3种切法。
一个正方形切去一个角，有3种切法，会出现3种不同的情况：
①只切掉一个角，将剩5个角。
②切线通过另一个角，则得到4个角。

③切线通过另外两个角，只剩3个角。

10. 火柴棍变形

美美来晚了，看见小智和布瓜博士正玩得高兴，嘟着嘴说："你们都不等一等我，我也想玩图形谜题。"博士呵呵一笑："我这里的谜题多的是，现在就给美美出一道。"说着又用火柴棍摆起图形来。

桌上用12根火柴棍排出了6个正三角形，移动4次，每次只能移动其中的2根火柴棍，使图中的正三角形分别变为5个、4个、3个和2个。

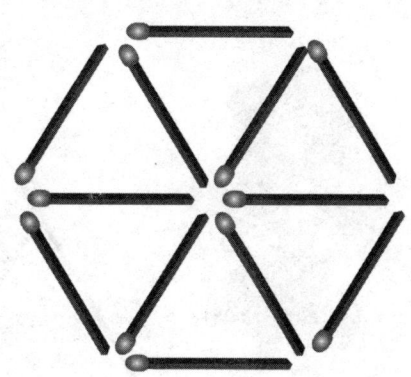

 你知道应该如何移动吗？

5个三角形：将动正六边形最上层两边的2根火柴，与叠上图的两根火柴组成一个三角形，一共是5个三角形。

4个三角形：将动靠下图左最上图右侧的火柴，组成一个三角形，一共是4个三角形。

3个三角形：将动靠下图中间的两根火柴，组成一个大三角形，一共是3个三角形。

2个三角形：将动上图男小三角形中间的两根火柴，构成一个大三角形，一共是2个三角形。

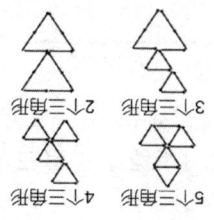

11. 求婚的门槛

迪奥从一本书中读到了一个古老的故事：

很久很久以前，所罗门王有一个漂亮的待嫁女儿。周边许多国家的王子和公爵都想迎娶这位美丽的公主。为了考验求婚者的智慧，所罗门王随手画了一个用许多三角形组成的图案，他要求求婚者数一数这个图案中一共有多少个三角形。如果能用最短的时间全部数对的就可以迎娶美丽的公主。

求婚者们立刻开始数，但是他们每个人数出的数字都不一样，所罗门王也搞不清到底哪个才是正确答案。

 你能帮他数出图案上到底有多少个三角形吗？

11. 所罗门王画的图案中一共有31个正向的三角形。

 图解说明

最大的三角形有1个，大三角形中有4个中三角形，中间的三角形中有量，小的三角形共16个，组合三角形10个，加在一起共有31个正向的三角形。

12. 复杂的图形

小智到美美家找她玩，看到美美正在完成老师布置的美工作业。她拿着一张正方形彩纸折了很久，却怎么都折不好。看到小智，美美立刻求助道："小智，我的好哥哥，帮帮我吧。"

小智看了看已经有很多折痕的彩纸，笑着说："如果你能数出这张彩纸上的折痕组成了多少个正方形，多少个三角形，我就帮你折。怎么样呀？"

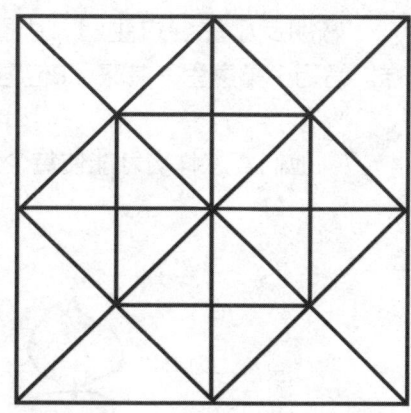

美美看了看彩纸，上面的折痕果然组成了很多图形，于是说："好吧，我数一数。"

 这张彩纸上到底有多少个正方形，多少个三角形呢？

12. 15个正方形，72个三角形。

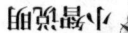 小智说明

其实数此并不是特别的困难，关键就是要沉着冷静，可以将图形划分成不同的区域，一个一个区域的数，就不会漏下了。

本题中可以先数正方形：上向的有整个小的4个，稍大的1个，斜向的小的4个，大的1个，一共有15个正方形。

再数三角形：甲类24个，乙类拼成的20个，丙三个拼成的8个，甲四个拼成的8个，甲六个拼成的4个，甲八个拼成的4个，甲十二个拼成的4个，一共有72个三角形。

13. 形状奇特的生日蛋糕

好朋友小亮要过生日，小智、美美和迪奥送来一个形状奇特的生日蛋糕。恰巧小亮家里一共来了8位客人。

 他们要怎样切才能使每个人分到相同形状的蛋糕呢？

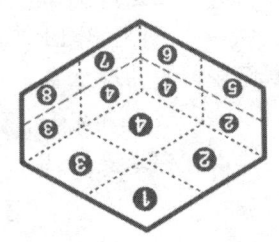

 美美说明

如右图所示，每8个人能分到相同形状的蛋糕了。

13.

14. 怎么切蛋糕

今天是小西的生日。姑姑送给他一个大蛋糕，小西特别高兴，请来了几个好朋友。但是姑姑又给他出了一个难题：切第1刀可以把蛋糕切成2块，第2刀与第1刀相交切可以切成4块，第3刀最多可以切成7块（如右图）。问经过6次这样直线的切割，最多可以把蛋糕切成多少块？

小西想了想，实在答不出来，只好请教朋友们。

 到底能切成多少块呢，你知道吗？

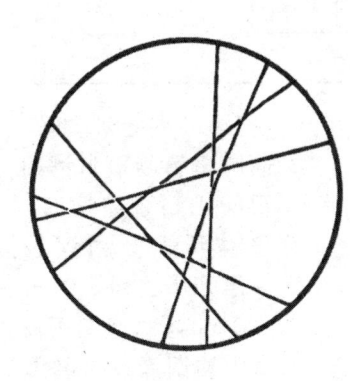

14. 最多可以切22块。

 规律说明

切割的次数	最多的块数
0	1
1	2
2	4
3	7
4	11
5	16
6	22

不信你可以亲自试一试。

15. 怪爷爷的玩意儿

布瓜博士实验室附近的花园里，有一位老爷爷经常坐在一个刻有16个小方格的桌子旁，桌子上面放了10个棋子。他每天都拿着棋子在桌子上移来移去。有一天，布瓜博士经过时，问他在干什么，他说正在尝试用10个棋子摆出最多的偶数行，即横排、竖排和斜排上的棋子都是偶数。布瓜博士一听完，两三下就排出了16行，并且自称偶数行是最多的。

 他到底是如何摆放棋子的呢？

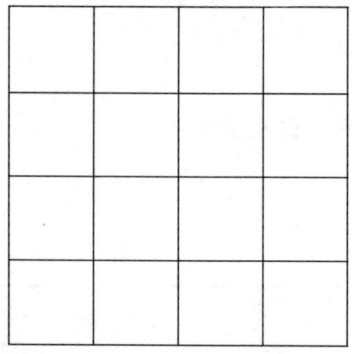

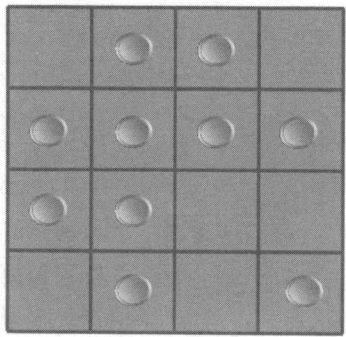

博士说明

本题具有水平横排与竖排都是偶数排列，10个棋子在16个格子中必须重新调行为4个，并且约定2个，然后则摆棋子的位置，使斜排上的棋子都是偶数排行，如右图所示。

第三篇

规律游戏

1	2	3
4	5	6
7	8	9
?	0	?

1. 没法完成的作业

数学课上，林老师正讲得津津有味，忽然下课铃响了，他赶紧布置下一堂课的课堂作业："请大家把练习册翻到第35页和36页，在作业纸上完成那里的几道练习题，然后夹在这两页之间交上来。"

同学们正打算翻开书本将它记下来，小智却连书都没看，就对老师说："您布置的作业根本就没有办法完成。"

美美在旁边疑惑地看了看小智，想：怎么回事呢？

 这到底是怎么回事呢？

2. 丢失的稿纸

下课后，美美和迪奥帮老师收齐练习册送到办公室里。刚一开门，一阵清风从窗口吹进来，把一叠没有装订的稿纸吹散在地上。两人连忙将练习册放在老师桌上，帮助老师一起捡起散落的稿纸。老师整理了一下找回来的稿纸，却发现丢失了其中的两页。

提示：请仔细观察右图稿纸上的页码。

 请你帮助老师想一想，到底是哪两页没有找回来呢？

1. 35页和36页是在同一张纸上正反两页的页码的。

 小智说明

35页和36页是在同一张纸上正反两页的页码的，不管怎样夹，你可以拿一张纸夹在书里吗？

2. 丢失的是第7~8页。

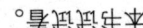 美美说明

只要拿一本书翻看一下页码，其实就能很快看出丢失的页码是什么了。同一张纸的两页页码，其中一个是奇数，正面为奇数，背面为偶数，而且两个页码的奇偶数相加为1。这样，我们就可以知道丢失的是第7~8页纸了。然后再弄清楚就能够很容易知道它们。

3. 数字模板

　　放学以后，美美叫住小智和迪奥，然后从书包里拿出一张卡片，三个人一起研究。卡片是长方形的，上面画着12个一样大小的正方形格子，其中10个方格中分别标上了"0~9"这10个数字，还有2个方格各打了一个问号。美美说道："这是一个数字模板，模板中的10个数字是根据某种规律排列的。"

　你能开动脑筋，猜出两个空格里应该填入什么吗？

4. 找规律

　　迪奥抬起头，放下正在看的书，在黑板上写下了一连串数字，对小智说："这是一组被打乱的数，在被打乱之前它们之间有一个非常有趣的规律。你试着找找看，然后按它们的规律重新把这些数排列起来。怎么样？"

　　"当然好了，愿意接受挑战。"小智说着开始认真观察黑板上的这些数。

3　5　13　21　1　1　2　8

　这些数有什么规律呢？

---

3. 迪奥说明

　　将格子中的数排列为*和#号。什么数该排为*和什么数该排为#？如果你仔细在生活中寻找，就会发现其实身边处处都有规律的踪影。

　　答案：*和#。

4. 小智说明

　　仔细观察这些数可以看出，如果前两个数相加起来，就等于下一个数，照这样我们按这样的顺序排列的：1，1，2，3，5，8，13，21。

5. 奇怪的绳圈

放学路上，三个小伙伴有说有笑地一路蹦跳着往家走。路过街心公园时，小智不经意看到公园里有一个闲置的沙坑，他连忙招呼小伙伴过去，然后从书包中拿出几支铅笔和一根长绳子，在沙坑里摆弄了一会儿，然后抬起头说："这是一根完整的绳子，绕过了插在沙坑里的几支铅笔，如果我向下拉紧绳子的两端，这条绳子并不会打结，但是会缠住其中的一支铅笔。那么会是哪一支铅笔呢？"

 请问：哪支铅笔会被缠住呢？

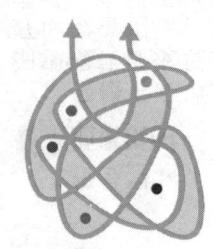

5.

答案说明

图中右上的那支铅笔。

当把绳子的两端向下拉紧时，下图显示出铅笔被缠绕在绳圈内的区域。

6. 找不同

回答完美美的问题，小智也拿出一张图片展示给大家，并说："这张图片中共有4幅小图，每幅小图看起来同其他的小图都有一点相像，但是它们中间有一幅小图与其他的非常不一样。"

你能选出这幅与其他最不一样的小图吗？

游戏说明

右上角的小图和其他小图不一样，因为它是黄色的，而其他都是红色的；右下角的小图和其他的一样，因为它是1，而其他都是2；左下角的小图和其他的不一样，因为它是正方形，而其他都是圆形。因此，右下角的小图才是"非常不一样"的，因为没有"一样"的地方。

左上角的小图。

7. 冬天还是夏天

迪奥说完，就拿出了2张放大的彩色照片，笑着说："真巧，我找到的也是图片题。"

这里有在同一栋建筑物里、不同季节拍下的2张照片。

你能通过观察照片中的细节，来区别哪一张是夏天拍的，哪一张是冬天拍的吗？

左图是夏天拍的，右图是冬天拍的。

博士说明

因为夏天中午的时候，太阳正处于屋顶的上方，阳光普照着地球，所以阳光照射的角度较小。当冬天的时候，太阳与屋顶的角度变大，阳光的倾斜度较大，所以照射进屋间内的光线距离变长了。图中可以看出，左图是夏天拍的，右图是冬天拍的。

8. 兔子的食物在哪里

学校里最近新开辟了一个小小动物之家,那里设置着一种格子状的笼舍,饲养了12只小兔子,分别划分给12个班级的同学负责喂养、清扫,培养孩子们对自然和动物的认识和爱护之心。

上面的表格标画出了每只兔子的位置,每天每只兔子都要有一根专属于自己的胡萝卜,这根胡萝卜必须要紧邻在兔子的上下左右,而不能出现在对角线的位置。并且,两根胡萝卜也不能够相邻。

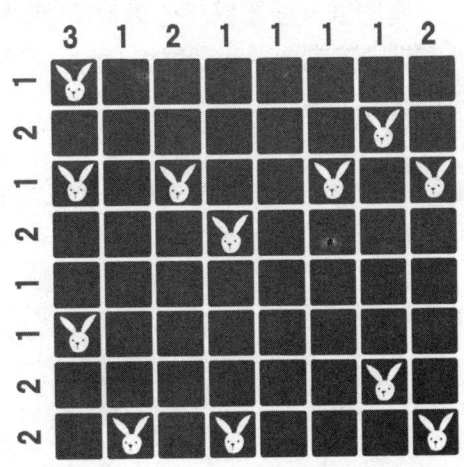

现在,位于每一行和每一列的胡萝卜的数目已经标示在表格旁边了,到底兔子们的食物各在哪里呢?

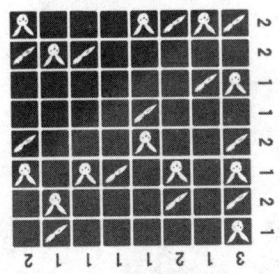

帮助小动物饲养员我们爱心和耐心,这算是一个光荣的工作!

9. 巧连星星

有时候一些星星的位置很不规则,但是聪明的人们还是能够用线将它们连成规则的图形。下图就有4颗摆放很不规则的星星,它们能够通过一个正方形连在一起吗?

 你能将这些星星连成一个正方形吗?

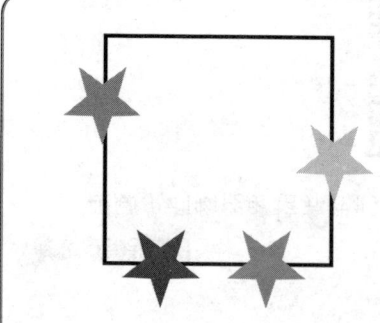

可以连成一个正方形。

小哈绘图 将这4颗星星连在正方形的三条边上。

10. 吃掉什么饼干

迪奥收到婶婶从国外寄来的一盒曲奇饼干，他打开尝了一块，觉得非常好吃，于是带来和小智、美美一起分享。

3个小伙伴打开饼干盒，里面有圆形、三角形、星形三种不同口味的曲奇。小智看了看饼干，忽然笑了起来，说道："这盒饼干摆的真奇怪，好像有什么规律呢。你们看出来了吗？我可看出来了，而且我还知道迪奥吃掉的那一块是什么形状的呢！"

 饼干盒里到底有什么规律，迪奥又吃掉了哪一块曲奇呢？

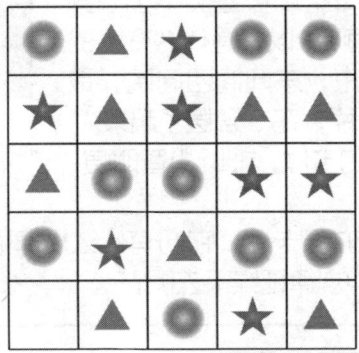

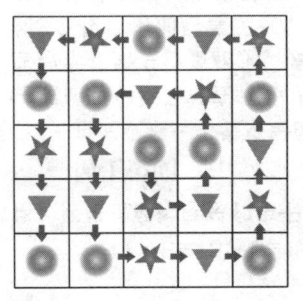

美美说明

迪奥吃掉了一块星形曲奇。

"图形一三角形一圆形一星形"3块饼干的曲奇排列。从图中可以看出，再加上一块，以6个为一组依次排列。从上面一直排到下面，饼干盒里曲奇的排列顺序如图所示。

11. 表格中的奥妙

小西请教美美一道表格谜题，美美答不出，两人只好一起来找布瓜博士。

博士看了看美美递过来的卡片，卡片上面有9个方格子，其中填了一些数字，这些数字之间有着一定的规律。请你找出这种规律，并求出A、B、C的值。

12	21	A
B	13	19
20	16	C

 A、B、C各是什么数字呢？

12. 排列的规律

桌上的一叠英文字母卡片被迪奥不小心撞落在地上，不远处的狗狗小P以为是什么好吃的东西，欢欢喜喜地冲过来，东闻闻西闻闻，最后还叼走了其中的7张卡片，在一旁摆了起来。

C	E	G	I
H	J	L	?

迪奥正要捡起其他的卡片，却听小智叫道："快来看，小P摆的字母可是有规律的呢。"

右上图是小P摆出的7张卡片，它们有什么规律呢？问号的地方加上哪一张英文字母卡片能使这种规律延续下去呢？

博士说明

11. A=17，B=18，C=14。纵横每条线上每组数字的和都等于50。

我们观察一下表格里的数字，发现横着、竖着以及斜着3个数字相加的和都等于50，将其他各列的数字相加后你会发现可以保持每条线一致的数字，将A、B、C按这一规律填进去可以凑出一行数。

12. 问号处应填N。

小P的排列是按照26个英文字母的顺序来排列的，每一组上下的两个字母之间都有4个其他的字母，以此类推，问号的地方就是填N了。

13. 填补丝巾

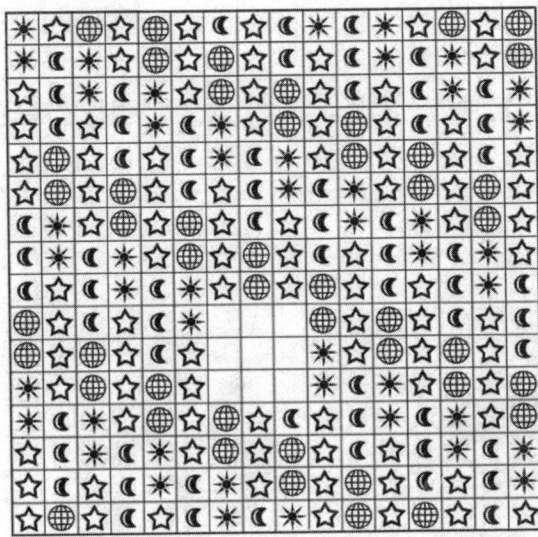

妈妈的丝巾被狗狗小P咬出了一个大洞，小智为了帮小P减轻罪责，找来几块花纹相近的碎布块，然后将咬坏的大洞修剪成正方形，打算仔细补一补。可是四块碎布块中，到底哪块才能将丝巾补得天衣无缝呢？

 缺少的部分是什么图案呢？

A   B   C   D

聪聪说明

这块丝巾上的图案有这样一个规律：从上到下，由左至右，第一行起，不同图形的变化为2个太阳、3个月亮、4个星星、2个地球，如此反复。每一行结束后，接其接续下一行，仍遵目上而下的顺序。

A。

14. 填什么图形

小西、小亮和优优各画了一张假期学习计划表,每张表都将时间划分为8份,用不同的图形表示,并遵循了同样的规律。

一天,优优不小心将自己计划表中的一部分弄脏了,根据小西和小亮的计划表,他能修补好自己少掉的那部分吗?

 少掉的部分又应该填上什么图形呢?

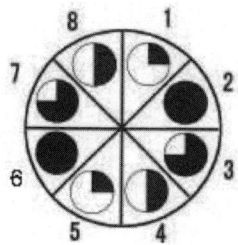 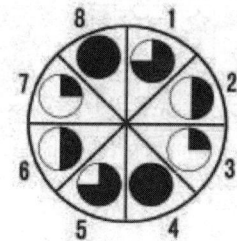 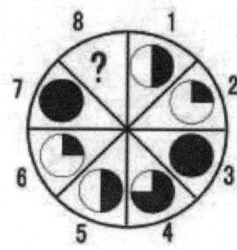

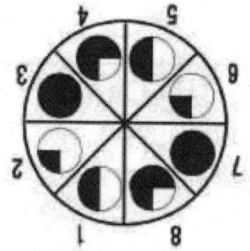

14. 小雨说明

仔细观察所画的图,可以发现每幅图中相对角度两个部分所画的图形是相同的,即1和5、2和6、3和7、4和8四组所画图形是相同的,因此可知优优计划表中被弄脏的部分应该同另一样,为黑色圆。

15. 狗狗的难题

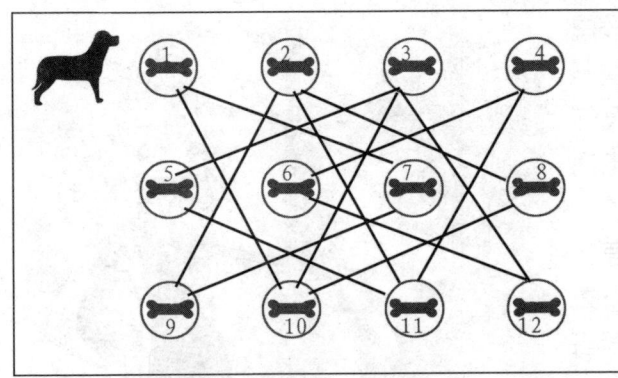

有一天,狗狗小P就无聊地睡着了。在睡梦中,它突然看见自己的面前出现了很多又肥又香的肉骨头,数一数,一共有12根,它开心极了。可是当小P刚要去咬这些肉骨头的时候,布瓜博士却出现了。他把所有肉骨头摆成3排,每排放4个,编好12个号码,然后画出一些连接肉骨头的黑线,告诉小P说:"想要吃到这些肉骨头可不是那么简单的,你必须从1号肉骨头的位置出发,沿着黑线一直跑到12号肉骨头的位置,最终把肉骨头全部拿到,一根也不留,但是同一个地方不能去第2次。否则就不能吃到肉骨头了。"

 小P一听,着急地看着骨头,口水都快流下来了,它该怎么走呢?

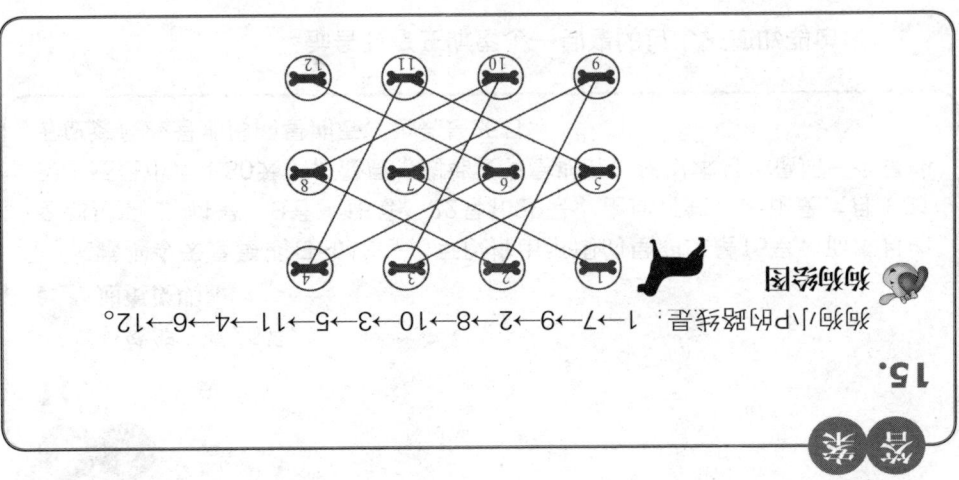

16. 有趣的日历

星期日晚上一回学校，罗恩就被布置了好几篇论文，翻翻书包，又发现将马上要交的报告忘在了家里，于是他只好打电话回家。

家里，迪奥正在电话旁的沙发上看书，听到铃声，他拿起听筒，然后又照着指示去帮哥哥找报告。罗恩等在电话旁边，不经意地瞧见日历，他叹了一口气："原来今天是13号，真是倒霉。"然后他又仔细看了看这个月的日期，他发现了一件有趣的事情：这个月居然有五个星期二。这时，路过的安妮告诉他说："这个月的最后一个星期五我们班安排活动，知道那天是几号吗？"

罗恩在看日历，当然知道了。但是电话另一头的迪奥呢？

 迪奥能知道这个月的最后一个星期五是几号吗？

 迪奥说明

根据今天是星期日和13号，可以排出下周的星期二是15号，而本月的五个星期二为1号、8号、15号、22号和29号。由此可知，无论是大月（31天）还是小月（30天），都后一周都没有星期五，所以本月的最后一个星期五应该是22号那周的星期五，也就是25日。

答案提示：是25号。

第四篇

探案游戏

1. 有趣的日历

国际著名的大侦探雷顿探长最近接连破获了几宗大案，得到了一段特许休假。布瓜博士趁这个机会赶紧把他请来，给智能解谜团的小伙伴作特训辅导员，讲述他探案生涯中刺激的破案经历。

几年前，著名化学家威廉研制出了很多尖端产品，因而成为千万富翁。在伦敦市一条繁华的大街上，他买了一套豪华的公寓。威廉不仅热衷于钻研化学，还对收藏名画感兴趣，他几乎花去了自己的一大半收入，买下了许多名画挂在客厅里。

一天夜里，一个小偷钻进了他的家里，摘下一幅名画卷起来，打算从原路逃走。这时，桌上的一瓶高档名酒将他吸引住了。

原来这小偷是个酒鬼，他迫不及待地拧开酒瓶，仰起脖子喝了起来。他正喝着，忽然，门外有响动，大概是保安听到有什么响动前来巡视了。小偷一听，放下酒瓶，夺路而逃。

第二天一早，威廉发觉家中一幅名画不见了，连忙报警。伦敦警察局派詹姆斯警长组织破案。正巧雷顿探长来到老朋友詹姆斯家做客，于是一起赶来。

詹姆斯警长在屋里仔细搜集线索，见罪犯没留下指纹和脚印，只留下一股酒味。雷顿探长断定窃贼喝了一些酒，便心生一计，要让这罪犯投案自首。

雷顿探长用了什么方法能使得罪犯投案自首呢？

1. 雷顿探长让詹姆斯与当地的电台联系，发布消息。

散布消息的内容是：以一化妆舞会的名义，邀请入城主人的口吻，邀请接受邀请的都有奖。与此同时，将自己化装成一位化妆舞会评委来等候。这样，过了5天，终于中计来了。他举来参加化妆舞会的朋友中，找到了几位昨晚喝得酩酊大醉的。通过排查审问，他们没有作伪证，终于找到了真正作案的窃贼以及偷去的名画。第二天，便带着那幅画面目见了。

2. 神秘的触电死亡

雷顿探长有一次接到了一个在亚马逊河中发生的命案。

亚马逊河是世界第二大河流，经巴西流向东方的大海。在亚马逊河上游，有一片神秘的热带雨林。

这天，一位昆虫学家来到这里采集新的蝴蝶标本。在这片热带雨林里，他忍受不了酷暑的炎热，决定到亚马逊河支流的池塘里洗个澡。

他脱光了衣服跳进河里，正当他痛痛快快地游泳时，突然一声惨叫，全身瘫软，当即触电身亡。

然而，这里从未被开发过，既没有发电机，也没有输电线路。当时天空晴朗，万里无云，也不可能是遭受雷击。

那么，这位昆虫学家究竟是触了什么电而死亡的呢？

---

2. 这位昆虫学家是被电鳗释放的电流电死了的。电鳗的身体每十一节脊骨来状的深水中，产于南美洲的亚马逊河和奥里诺科河，身长每每长达2米，且每条鳗只有两个发电器官，可产生680～850伏的电压。所以，如果触到这类电器官，就会遭受到致命的电击。这种鳗每年都在袭击前来饮用对手或洗澡的，会放出强大的电流。

3. 鸡蛋的奥秘

雷顿探长又给小伙伴们讲了一起很多年前非常著名的案件。

19世纪末，沙皇的军事专家们研制出了一种新型武器，但武器的图纸却失窃了。这令当局非常恼火，要知道这关系到国家的安危。

大街上到处都是盘问的警察，人们的生活也变得紧张不安起来，但是在那战火纷飞的年代也只有小心翼翼了。虽然警察们都很努力，但是仍然找不到任何线索。

没有办法，警察局局长只好请来了当时著名的大侦探帮助破案。

一天，大侦探来到检查站。当他看到一位老太太挎着一筐熟鸡蛋从检查站走过时，就转身问旁边的一位警察："这位老人经常带熟鸡蛋出去吗？"

"是的，我还吃过她的鸡蛋呢，她会有什么问题吗？"

"问题就在鸡蛋上。"大侦探让警察立刻追回老太太。将放在筐底层的鸡蛋壳剥去后，大家发现了蛋白上清晰的字迹。

 你知道那些字是用什么方法写上去的吗？

> 将蛋的关键就是蛋壳。用醋酸把秘密的内容写在熟鸡蛋上，等白醋将蛋壳腐蚀，蛋里的汁水上就会有一些痕迹被渗在了鸡蛋的蛋白上。
> 这名老妇携带的鸡蛋就是他们的主要载物——一种互相传用的信筒。

4. 凶手的失误

这是在雷顿探长刚刚成为一名侦探的时候，第一次成功破获的凶杀案。

一天夜里，在M市的江边不远处发生了一起凶杀案。警方在当地民众的帮助下，很快抓到了一名嫌疑犯。

"昨天晚上10点左右，你在哪里，做什么？"警察问道。

"昨晚我整夜都在江边钓鱼。"嫌疑犯故作轻松地回答。

"有人能够证明吗？"警察接着问。

"没有，不过我的钓具可以证明吗？"嫌疑犯故意问。

"当然不能，你在哪边岸上钓鱼？"

"南岸。"嫌疑犯一点也没有犹豫，"昨夜正好看见月亮很大，圆圆的映在江面上，美丽极了。"

"是吗？"警察用嘲讽的语调说，"昨夜确实是满月，而且天气也很好，月亮在晚上7点就出来了，一直到凌晨4点才落下。不过这些不能证明你昨晚10点不在案发现场。赶快交代吧，你刚才在说谎。"

 警察这样说的理由是什么？

4. 这个愚蠢的凶手说自己在南岸垂钓，还看到了江面上的月影。他忘了一点，太阳是由东向西落下的，月亮也同样由东向西落下，在北半球的月亮根本是不可能出现在南方的，应当是出现在北方。所以警察据此判断此人在说谎。

5. 冰冷的椅子

雷顿探长告诉小伙伴们，生活中的一点点小细节有时候也能够帮助人们破案。

一天，雷顿接到朋友罗太太打来的电话，说她把10 000元钱放在桌子上不见了，请他赶快来一趟。

雷顿立刻赶到罗太太家，时间是下午5点钟。他问罗太太最后一次见到钱是什么时候？罗太太说是下午4点钟。她说她把装钱的信封放在房间桌子上就去洗澡了。4点半左右出来就不见钱的影子了。

雷顿又问："当时还有别人在家吗？"

"还有我家的保姆露丝，她帮我料理一些家务。"

雷顿点点头，来到露丝的房间。露丝热情地招呼他，请他坐在屋内唯一的一把椅子上。雷顿感到椅子很凉，问道："露丝小姐，请问罗太太丢钱的时候你在做什么？"

露丝回答说："我4点前回到罗太太家，就进了自己的屋里，一直坐在您身下的那把椅子上织毛衣，一直没离开半步，可是我好像听见有人把门'砰'地关上了。"

雷顿笑了一下，说："小姐，我想我能在这个屋子里找到10 000元钱。你并没有一直坐在这里，而是在我敲你的房门时，才坐到椅子上的。"

露丝看着雷顿的脸，心虚地慢慢低下了头。

  雷顿是怎么知道的呢？

5. 椅子很凉，因为露丝根本不在那把椅子上，她撒谎说这段时间她没有离开，显然是说谎。

6. 几颗樟脑丸

雷顿探长再次提醒几位伙伴，细心在案件处理中有重要作用，有一件案子就是靠着几粒小小的樟脑丸才破获的。

一次，一个穿着讲究的年轻男子来到警察局报案。他一脸沮丧地诉说着，他是一个大公司的销售经理，被派往外地开拓业务，已经有两三年没有回来了。前两天，他请假回来了一趟。可是今天刚一进门，就发现家里被盗了。

听完他的叙述后，警察们按常规到现场进行搜查取证，提取了壁橱上的指纹和地板灰尘上的脚印。一个女警员翻了翻衣柜中的衣物，忽然发现里面有几个樟脑丸。她不动声色地拿出一个看了看又送了回去。

她叫住正在忙碌的同伴，转过身来对那个年轻人说："你这么年轻，何必要这种把戏呢？骗取保险金这样的做法已经不是什么新鲜事了。"失主立刻心虚地低下了头。

女警员是怎么发现年轻人报的是假案呢？

樟脑丸是很容易挥发的，一般最多一年左右就挥发完了。年轻人说两三年才回来一趟，这说明他在撒谎。

7. 智断毒酒案

有一年冬天,雷顿探长的好朋友中了剧毒,在医院接受治疗,嫌疑人被警方传唤到警局问话。

雷顿探长了解了情况,才知道双方刚谈成一笔生意,两人共同干杯庆贺,没想到其中一人竟中了毒。

"你们在什么地方喝的酒?"雷顿探长问道。

"在我家里。天气很冷,我把酒放在壶里热了热,我一直都这么喝酒的,没出过事呀。"嫌疑人一脸被冤枉的表情。

"你是说,你把壶放在炉子上烧吗?"

"是的。"

"你的壶是什么材料的?"

"锡壶。这有什么关系吗?"

雷顿探长严肃地说:"这关系可大了!"

接着雷顿探长不慌不忙地说出一番道理,只听得大家频频点头。

 那么这究竟是怎么一回事呢?

---

7. 当时用来盛酒的锡壶中含有少量的铅,受害人在喝酒的时候其实是把壶中的酒加热了,当中就慢慢掺入了少量的铅,所以他的好朋友才会出现急性铅中毒的症状。这没有直接关系。

8. 窗户上的冰花

有一年冬天，雷顿探长被派到英国交流经验，他想顺便去看望好朋友米歇尔。可是米歇尔不久前去了法国探望一个亲戚。临走的时候他请邻居帮忙照看一下他的房子，因为这附近不很太平，经常有盗窃案发生。

过了几天，米歇尔回到英国，他约雷顿探长一起回到家里叙旧。他们才刚刚走上台阶，当初答应帮米歇尔看家的那位邻居约翰急匆匆地跑来，跟他说："你家里被盗了。"米歇尔大吃一惊，赶紧把门打开了，只见里面被翻得乱七八糟。

"你是怎么发现有盗贼来过的呢？"雷顿探长在一边问道。

约翰的样子好像很内疚，他用手比划着说："那天晚上我听见屋里有动静，便想起你的嘱托，于是就冒着寒冷的风雪跑到你家门口，透过窗户看了看。你知道，因为天气很冷，上面都结冰了，我使劲哈了一口气，擦了一小块窗玻璃才看到里面。结果就是你们现在看到的这个样子了。"

雷顿探长听完之后，便说："约翰，你别骗我们了，在我带你到警察局去之前，你还是把偷走的东西都还回来吧。"

 雷顿探长为什么会这么说呢？

> 8. 这又是寒冷的冬季。因为冬天天气寒冷，窗户外面都结冰，而不是里面。所以不可能哈一口气把外面的冰花擦掉，这说明约翰在说谎。他这样做其实是想掩盖米歇尔家中被盗的事实真相。

9. 谁是偷画人

一天，雷顿探长收到大收藏家马恩的邀请，要他到家里欣赏他刚刚收集到的一幅珍贵的名画。雷顿探长平时也很喜欢鉴赏名画，于是便欣然前往，他同马恩很谈得来。

几天后的一个清晨，四周的天空还没有完全亮起来，雷顿探长晨练时从马恩家的后门经过。远远地就看见一辆小汽车停在马恩家门口，一个穿戴整齐的人从屋里走出来，塞给司机一个长方形的盒子，汽车很快就启动开走了，无意中还撞翻了一只垃圾筒。

雷顿探长觉得不对劲，便快走几步上了台阶，刚敲了一下门，马恩就应声道："请进。"雷顿探长推门而入，见马恩正在穿衣服，只见他的左胳膊在外，右胳膊套在衣袖里。

雷顿探长将刚才所发生的事一说，马恩大吃一惊，马上穿好衣服来到收藏室，那幅价值连城的名画真的不见了。马恩呆立那里，一动不动。

雷顿探长笑了笑说："你是想得到保险金才把画送走的吧。"

 雷顿探长是怎么知道的呢？

雷顿探长看见出来的那个人把盒子塞给司机时是用的右手，因为他的真正左手此时还在穿右边的胳膊的衣袖，所以从马恩家里出来抱着画的那人就是马恩。

10. 睡衣的作用

雷顿探长又讲了一宗奇特的案件。

一天晚上，珠宝商用高价从一个破产的贵族那里买到一颗很大的宝石。一个窃贼听说了这件事，就假扮成珠宝鉴赏家来到了珠宝商家里。两人谈得十分投机。"珠宝鉴赏家"对着宝石大加赞赏，并用很多甜言蜜语把珠宝商好好地恭维了一番。看完后，珠宝商当着"珠宝鉴赏家"的面把宝石放回一个小房间，上了锁，并让一只大狼狗守在门口。

半夜，这个窃贼偷偷溜进珠宝商的房子，正当他拿到那颗宝石准备越墙逃走时被珠宝商发觉，于是两人打了起来。谁知，那条大狼狗不但不咬贼，反而把主人给咬伤了，"珠宝鉴赏家"趁机带着宝石逃跑了。

珠宝商十分沮丧地把灯打开，看到地上的破睡衣，气就不打一处来。"该死的狗，我养着你还有什么用，连主人都不认得？"说着就要把狗赶出去，但那只狗还是围着睡衣团团转。

"亲爱的，你看看那件睡衣？"珠宝商的妻子觉得狗有点奇怪。

珠宝商捡起那件破睡衣仔细看了一会儿，忽然叫道："啊，这件睡衣不是我的。我那件睡衣的前胸口有一块污渍。"

"现在我知道这是怎么回事了。"珠宝商的妻子说。

 你知道这是怎么回事吗？

原来是那件窃贼的睡衣上，沾染着非常熟悉的主人的气味，所以狗才咬伤了主人。"珠宝鉴赏家"正是利用了这点，调换了自己和主人的睡衣。

11. 奇怪的梨

曾经有一次，雷顿探长陪同友人莫里斯和律师迪恩带着一篮子梨，来到莫里斯的生意伙伴萧伯纳的家中。他们准备在律师的调解下，妥善解决合作中出现的经济问题。

萧伯纳很热情地拿起一把水果刀为他们削梨。削完后，他递给莫里斯，莫里斯没有接。萧伯纳尴尬地笑了笑，又递给律师。律师迪恩说自己从不吃梨。萧伯纳只好自己吃起来。这时莫里斯也拿了一个梨削了起来。莫里斯是个左撇子，迪恩看起来有点怪。谁知，莫里斯的梨还没吃到一半，就倒下去了。

警察讯问后，感到很迷惑："他怎么会被自己带来的梨毒死呢？"在一旁的雷顿探长冷静地说："我敢肯定是萧伯纳毒死莫里斯的。"接着他描述了萧伯纳采用的手段过程。警察的调查也证实了雷顿探长的话是对的。

你知道这是怎么回事吗？

梨本身没有毒，问题出在水果刀上。萧伯纳喜欢小左撇子，萧伯纳的水果刀很锐利。所以他先在水果刀朝向的一面涂了毒，正常人用这把水果刀削水果时不会中毒，因为毒液接触到水果了。而莫里斯是个左撇子，他用这把刀削水果时，他正好对削向了毒的一面，所以莫里斯就被毒死了。

12. 树下的谋杀案

一天中午,警员阿达和阿彦在街上巡逻。当他们走到一个果园旁时,发现一个人倒在一棵李子树下,已经死了。这个人赤着双脚,他的脚尖到脚后跟有好几道纵向的擦伤,渗出的血已经凝固了。而他的后脑不偏不倚地磕在一块突起的石头上,流出的大量血迹显示致命伤就在这里。

"大概是想爬上大树偷李子吧?不过他一定没有想到会因为脚滑从树上掉下来就这么摔死。这个可怜的窃贼,为了几颗李子把命都给送了。"阿达摇摇头对阿彦说。

阿彦缓缓地说:"你在这里看守尸体,我去打电话报案。"

不一会儿,雷顿探长和法医赶到现场。他听完汇报又检查了死者的伤之后,生气地说:"你们的查案常识简直连小学生都不如,这么简单的道理都没能看出来吗?"接着他又说:"这个人可不是从树上失足滑下来的,而是有人杀了他,然后故意伪装成这个样子的。"

 雷顿探长为什么会这样说呢?

12. 死者是赤着脚的。如果他真是从树上滑下来磕在石头上 死的,那么他脚上的擦伤应该是横向的,因为擦伤是人的脚沿着树干下来 所致。

13. 独吞邮票

雷顿探长在几年前曾破获了一宗珍贵邮票失窃案，只用了三天时间就将窃贼抓捕归案。经过审讯，窃贼讲述了作案的经过。

加斯顿与凯恩合谋一起在邮票展览中将价值连城的古版邮票偷出，离开时由凯恩带着邮票，二人分开逃跑。

两天后，加斯顿来找凯恩，商量将邮票变卖及分钱。凯恩说："现在风声正紧，我把邮票收藏在秘密的地方。等过些日子，我们再取出变卖吧。"但加斯顿认为，这是凯恩想独吞邮票的诡计，便不肯答应。

最后，凯恩说："这样吧，邮票由你保管，等风声过后我再来找你，这样你总可以放心了吧？"于是，加斯顿同意了凯恩的建议。

凯恩取出一把钥匙，对加斯顿说："我把邮票收藏在一本《圣经》的第47和48页之间，这本圣经我存放在距离这里三条街的邮局103号信箱内。这是信箱的钥匙，你现在去拿吧。迟些时候我再与你联络。"

加斯顿拿了钥匙便匆匆跑去邮局，跑到半路，便被警察抓获了。押解途中，他忽然明白了什么事情。当一见到同样被抓的凯恩时，加斯顿冲着他破口大骂："你这个混蛋！竟敢骗我？"

为什么加斯顿说凯恩欺骗他呢？

> 13. 《圣经》的47页与48页是同一张纸，凯恩怎么可能把邮票藏在这两页之间呢，加斯顿被他骗了这点，难怪抓不到邮局的信箱了。

14. 没有作案时间吗

一天晚上10点至11点之间，有人钻进林克先生的房间偷走了他抽屉里的钱。林克先生赶紧报了案。雷顿探长仔细地分析了案情，认为有三个人有作案嫌疑，于是，他派人把这三个人带到警察局里审讯。

第一个人叫迈克尔，他是林克的邻居。他说："不是我干的，那时我正在一辆开往伦敦的列车上。"探长派人一查，确有其事。

第二个人叫托蒂，他是这栋楼房的看门人。他说他当时正在看电视，这件事不是他干的。探长便问了他许多关于当时正播放的电视节目，他对答如流。

第三个人叫吉姆，他是林克的一个朋友。他也说不是他干的。"当时我正在一家酒店里喝酒。"探长派人到酒店一调查，也全部属实。

雷顿探长托着下巴想了一会儿，指着迈克尔和吉姆说："你们可以走了。"然后，他转身笑着对托蒂说："请你老实交代自己的犯罪过程吧。"

托蒂一怔，大喊："你为什么诬陷我，我哪里有作案时间？"

探长轻轻地摇摇头，反问："你怎么没有作案时间呢？"

 这是怎么一回事呢？

14. 托蒂在作案的时候，也可以听电视，所以他说他在看电视没有作案时间是不总为假的。

15. 巧妙的伪装

雷顿探长又讲了一个几年前被各大报纸争相报道、轰动一时的案件。

一个晚上，大明星蒙娜被人刺死在自己的家中。根据现场的情况判断，蒙娜被刺前跟凶手有过一番搏斗。

警方在勘查了现场后发现，死者被刺房间的玻璃窗被打破了，碎玻璃碴儿满地都是，看样子是从外面扔进石头造成的。

过了几天，警方抓获了三名嫌疑犯，他们的外貌分别是这样的：A是一个年轻小伙子，他和蒙娜有着暧昧不清的关系；B是蒙娜的经纪人，一个中年男人，一只眼睛包扎着，他说自己是得了红眼病；C是蒙娜的司机，为她工作了将近十年。这三个人都能近距离地接近死者，而且都在事发当天见过死者，但是他们都说没有杀害蒙娜。

 警方在经过周密的调查后终于发现了凶手。你知道凶手是谁吗?

15. 凶手是B。警方发现蒙娜的指甲中有B的皮肤组织，但他却说什么也没被划伤了，他显然在掩饰中间被蒙娜抓伤的伤口，在他来并不严重，说明他绝不是刚刚才为了伪装而弄伤的，目的显然是为了迷惑警方的视线。

16. 弹壳在左侧

有一次，雷顿探长到一个旅游胜地去旅行，住进了一家高级酒店二楼的客房。他刚刚停放好行李，准备出去走一走，突然从走廊中传来了女人的呼救声。

探长寻声找去，站在215房间门前的一位年轻女士正在哭喊，从开着的房门可以看到房间里一个男人倒在安乐椅上，身上一片血迹。雷顿探长对尸体作了简单的检查后，确认此人刚刚死了，是子弹射穿心脏所致。

当地警署派了人来。那位年轻女士边哭边说："几分钟前，我们听到有人敲门。我刚一打开门，门外就有一个戴面具的人朝我丈夫开了枪，然后把枪扔进房间逃跑了。"

地毯上有一支装着消音器的手枪，左侧两个弹壳相距不远，在死者身后的墙上有一个弹洞。雷顿探长告诉警署人员："请把这位太太带回去讯问。"

 雷顿探长为什么会对死者的妻子产生怀疑呢？

16. 如果真像年轻女士所供述的那样，方才有在门外朝她丈夫开枪的，弹壳就不会落在房间里，也不会落在左侧，因为从具有排出弹壳的手枪右侧几米处。

17. 一模一样

听了那么多有趣又刺激的破案故事，小智好奇地问雷顿探长道："那有没有那种线索之间有矛盾，很难破的案件呢？"

雷顿探长笑着答道："这个，当然有了。"

有一次，一个小伙子杀人之后，立刻逃之夭夭了。警探们赶到现场后，根据目击者提供的情况，在一家饭店里发现了这个嫌疑犯。可这个小伙子说自己一直待在这儿，吃完饭后，就坐在一边看电视，根本就没有离开过饭店。

饭店的经理和周围的客人也证实了他的说法。可是目击者却一致确认，从相貌和衣着上来看，这个小伙子就是那个作案的凶手。后来，警探们化验了凶手留下的指纹，结果，指纹和这个小伙子的完全不符。

警探们正要释放小伙子。雷顿探长忽然明白了什么，他赶紧和助手去查了小伙子的户口簿，果然跟所想的一样。

根据这个线索，警探们很顺利地就把凶手抓到了，并且事实证明凶手确实不是这个小伙子。

 你知道雷顿探长是如何找到凶手的吗？

---

17. 雷顿探长认为，这个小伙子可能有一个孪生兄弟，找到户口簿一看，果然如此。因此，警探们顺利地抓到了凶手。

18. 敲门的窃贼

雷顿探长也是个集邮爱好者。一年夏天，他到一个海滨城市度假。正巧，这儿有个集邮者聚会，他便参加了，聚会连续举行了好几天，每晚都要在协会成员中进行邮票交换活动。探长也像大多数与会者一样，在举行会议的旅馆三楼租了间房。

这是一幢四层楼的旅馆，大楼的三四楼全是单人房间，双人房间则在二楼。因为有很多集邮迷在旅馆过夜，他们放在旅行包里的珍贵邮票，就更要好好保管了。

在集邮爱好者共进晚餐时，探长回房间去取烟斗。当探长正在四处寻找时，响起了敲门声。探长起初没有在意，也没有出声，过了一会儿门就被轻轻推开了，因为探长刚进来时并没有把门锁住。

一个年轻人悄悄地进来，当他看到探长时，便止住了脚步，结结巴巴地说："对不起，我走错房间了！"

探长客气地说:"没什么,这是常有的事!"

年轻人离开房间后随即上了楼梯。探长在后面注视着他,在年轻人的身影消失后,探长没作更多的思索和联想,就打电话报告了警察——他断定这是一个窃贼。

15分钟后,警察赶到旅馆,在探长的协助下,很快就在作案现场逮住了这个年轻人。警察从他身上搜到了偷来的现钞、珍贵的首饰和好几本集邮册,还有私配的钥匙,这一切都再次证明这家伙是个窃贼。

 雷顿探长是根据什么就立即断定这个年轻人是窃贼呢?

18. 任何一个住宾馆的旅客,在进自己的房间之前,决不会敲门的。因此,年轻人所说的进错了房间是在说谎。同时,他进屋又出了门的样子,三番两次地这样子,有人问,他是要掩盖什么的掩饰。显然,趁他们夫妇离家时,才能扒窃他。

19. 能融化的子弹

炎炎夏日里，一位警官来到关岛度假。一天，他在离酒店不远的海滩上，看见躺着一个身着红色游泳衣的金发女郎，走近一看，竟是一具女尸。她腹部中了两枪，鲜血染红了整个腹部。

警官仔细检查现场后，发现这里除了一具女尸以外，没有其他任何线索。在这种情况下，唯一的线索就只有她体内的两发子弹了。

想到这里，他马上通知了当地警察局，把尸体送进医院解剖。不料，解剖的结果竟是体内没有子弹。

警官感到大伤脑筋，如果不能掌握子弹的线索，那就无法进行侦破。无奈之下，只得求教雷顿探长。探长认真地听了警官的介绍后说："尸体背后有没有子弹穿过的伤口？"

警官耸耸肩膀后，说："没有!"

探长又问："有没有子弹被销毁的痕迹?"警官又摇摇头。

探长沉思片刻对警官说："子弹肯定在体内，不过已完全融化了。"

 雷顿探长为什么会这么说呢?

19.

雷顿探长认为，这不是一般的金属子弹，而是用冻硬的水银制成的子弹。杀害又称北极，是一个终年在极昼覆盖的地方，能溶解金属子弹，又不致弹士溅伤凶手的海洋冷冻冷永凝固，着重要的化学工艺原料，可以供春用。它的特点是像水头般沉重，用它制成子弹，即便奄奄一息亦能够致人人体死亡。甲于人体内的温度高于水银，所以水银也能很快被子弹熔化掉。

答案

20. 雪地上的脚印

雷顿探长的特许休假就快要结束了，小伙伴们对他讲述的精彩案件意犹未尽，但还是迎来了最后的一宗案件。

在一个积雪厚达30厘米的严冬的早晨，四周白雪皑皑，罪犯在自己的家中杀人以后，穿过一片空地，将尸体扛到邻居家一所正在建造中的空房内，转移了杀人现场。然后，他顺原路返回家中，拨通了报警的电话。

几分钟后，警探的巡逻车赶到了，他装作发现者的样子，若无其事地说："今天早晨，我想扫雪，去邻居家的空房里找推雪板，却发现了一具年轻的尸体，着实把我吓了一跳。因为空房周围没有被害人和凶手的脚印，只有我一个人进出的脚印，所以这个人肯定是昨天夜里下雪以前在空房里被杀的。"

雷顿探长听完后，查看了报案者往返现场时留在雪地上的脚印，便厉声呵斥说："你在说谎，凶手就是你。"

 探长到底发现了什么证据，识破了凶手的谎言呢？

20. 雷顿探长发现在返回家的脚印中，扛着尸体时的重印比没扛尸体时的深，而返回时的脚印浅，所以断定报案者就是凶手。

第五篇

语言游戏

1. 同种颜色的糖果

小智同往常一样,放学后刚做完功课,就来到了布瓜博士的实验室,可是这时的实验室里却没有人。只见桌子上摆了一个透明的玻璃糖罐,罐子旁边有一张纸条:

"这个糖罐里有红、黄、蓝3种颜色的糖果各5颗。如果蒙上你的眼睛,要求每次只能取出一颗糖果,那么你至少要取多少次,才能确定你取出的糖果中一定有2颗是同种颜色的?"

你知道应该怎样做吗?

小晶说明

1. 至少取4次。

由于糖罐里的糖果有3种不同颜色,因此取1次、2次或3次都有可能取出的是不重复颜色的糖果。当取第4次时,不论得到的糖果是红色、黄色还是蓝色的,都一定与前3次取出的糖果中的一种颜色重复。所以,只要取4次,就一定能确定取出的糖果中至少有2颗是同种颜色的。

2. 谁在前，谁在后

美美和迪奥刚一进来，实验室的视频电话就响起来了。美美跑过去先一步拿起电话，屏幕上出现了布瓜博士的笑脸。

"美美，桌上的谜题解开了吗？"

"那道题呀，美美来晚了一步，我已经先解开了。"小智凑上前说。

"我刚刚收集到一个新谜题，这回让美美解解看吧。"

"请帮助A、B、C、D、E、F 6人按要求排成一队。

要求：在A前面至少有4个人，但A不在最后；B同A相邻；C既不在最前，也不在最后；D前后至少各有2个人；E不是最后一个；F同最后一人之间还有2个人。"

 6人应该怎样排队呢？

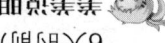

2. 6人的排队顺序是：E、C、F、D、A、B。

美美说明

由 "A的前面至少有4个人，但A不在最后"，可知A排在第5位，由 "F同最后一人之间还有2个人"，可知F排在第3位，由 "D前后至少各有2个人"，可知D排在第4位，由 "B同A相邻"，可知B排在第6位，由 "C既不在最前，也不在最后"，可知C排在第2位，最后可知E排在第1位，且符合要求，"E……"。

3. 猜猜扑克牌

正在这时，布瓜博士笑呵呵地走了进来，赞赏地看着3个小伙伴，说道："那么下一道题就给迪奥吧！"

布瓜博士抽出8张扑克牌一一摆放在桌子上，然后在上面编上号码，接着说：

"这8张牌中只有K、Q、J、A四种。其中至少有一张是Q，每张Q都在两张K之间，至少有一张K在两张J之间。没有一张J与Q相邻；其中只有一张A，没有一张K与A相邻，但至少有一张K和另一张K相邻。"

 你能找出这8张牌中哪一张是A吗？

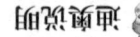

假设4号为"K"，则1、6号为"J"，2号为"K"，3号为"Q"，5、7、8号中必有相邻，条件"4号为K"矛盾，这与"每张K都不与A相邻"矛盾，因此一张K都另一张K相邻。与条件矛盾。因此7号排除5。为"J"，4号为"K"。因为6号排除，则图中只有一张A，没有与A相邻，且6号有一张"A"，则必须相邻于一张"K"。1、8号为"K"。那么2、3号中有一张是"A"，由于"没有一张J与Q相邻"，则3号是"J"，2号必然是"A"，即图只剩下的2号是"J"。

由"至少有一张是Q，每张Q都在两张K之间"，可知排列为"KQK"，其中"K"既可以被又可以是张，观察扑克牌编号可知，只有3、4、6号可以是相邻排列，其中只有4、6号有可能相邻。

如图所示，A是3号牌。

4. 四兄弟

小智从书包里拿出4个写有名字的小人偶，一边摆在桌子上一边说："布瓜博士，您已经考完我们了，我这里也有一道题要难为难为您。"

"这里有阳阳、光光、明明、亮亮4个兄弟，他们中间大哥和三哥比较顽皮，常常说谎话，而二哥和四弟则非常听话，总是说真话。

下面是他们4人的对话。

阳阳：光光比明明小。

光光：我比阳阳小。

明明：光光不是三哥。

亮亮：我是大哥。"

你知道他们到底谁是哥哥谁是弟弟吗？

博士说明

4. 4个兄弟从大到小的顺序为：阳阳、光光、亮亮、明明。

二哥和四弟说真话，他们都不否认"我是大哥"，所以，可以肯定说谎的是三哥。因此，"光光不是三哥"是明明说的谎话，可以肯定明明是三哥。

据说真话的是亮亮，阳阳和明明的结论是二哥和四弟（排列顺序未定）；与明明的话矛盾，因此可以肯定阳阳是大哥，且光光比阳阳小。因此光光是二哥，亮亮是四弟。

因此，4个人中大哥是阳阳，二哥是光光，三哥是明明，四弟是亮亮。

5. 八朵康乃馨

母亲节快到了，小智和美美来到花店，刚好碰到了同样来买花的3个小伙伴。小智灵机一动，对伙伴们说："我想起一道关于买花的谜题，我们看看谁能先把它解出来，好吗？"

"好呀，好呀！"小伙伴们齐声赞同。

小智开始出题："共买来黄色、白色、红色和粉色的康乃馨各10朵，要扎成5束送给5位妈妈。每束花都有8朵，其中不同颜色的花朵数量不能完全相同，而且每束花中每种颜色的花至少要有1朵。

下面是5位妈妈所收到的花束情况：

小智妈妈：黄色的花比其他3种颜色的花加起来还要多；

美美妈妈：粉色的花要比其他任何一种颜色的花都少；

迪奥妈妈：黄色和白色的花之和等于粉色和红色的花之和；
小亮妈妈：白色花是红色花的两倍，粉色花是白色花的两倍；
小明妈妈：黄色花和白色花一样多，红色花和粉色花一样多。"

 哪位妈妈收到的花束中粉色的花最多，有几朵呢？

笑笑说明

由题中可以知道每束花中每种颜色的花至少有1朵，最多有5朵。

由美美妈妈的话可以知道，花束中粉色的花只有1朵，其他颜色的花分别为2朵、2朵、3朵。由小爱妈妈的话可以知道，花束中黄色的花有5朵，当粉色的花有1朵、2朵或3朵。由小甜甜妈妈的话可以知道，粉色的花可以是粉色的花有1朵、2朵或3朵。由小亮妈妈的话可以知道，红色花有1朵、白色花可能有1朵、2朵或3朵。由小明妈妈的话可以知道，粉色花有4朵，黄色花有1朵。

综合，我们可以在5位妈妈中，小亮妈妈收到的花束中粉色的花最多的，共有4朵。

5. 小亮妈妈收到的花束中粉色的花最多，有4朵。

6. 说谎的小猫

美美得意地对小智说:"怎么样,我解得够快吧!我这里也有一道题,你敢不敢挑战一下呢?"

"有谜题当然欢迎了,你快点出题吧!"小智笑着说。

美美不紧不慢地道出题目:"小白、小黑、小花3只小猫比赛捉老鼠,每只小猫都捉到了1~3只老鼠不等,也就是说它们可能各捉到1只,也可能各捉到不同数量的老鼠。3只小猫说了下面的话,但是其中有的小猫说了谎,说的数量比实际捉到的数量少的就是谎话,其他的话都是真话。

小白:小黑捉到了2只老鼠,比我的要少。

小黑:小花捉到的不比我多,但不是2只老鼠。

小花:小白捉到的比我少,但不是1只老鼠。"

 请问:3只小猫各自捉到了多少只老鼠?

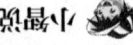 小智说明

小白2只、小黑3只、小花3只。

假设小花说的是真话,那么小白捉到1只老鼠,小花不是1只,所以小花≥2。又因为小黑说的是真话,那么小花捉到2只老鼠,小白少于小花,小白=1,那么小黑只有3只老鼠,但是小黑的话自相矛盾,与小黑的话冲突,所以小黑说的真话,3≥小黑≥小花。

由此可知道,小花捉到3只老鼠,小黑也捉到3只老鼠,所以小白说谎,小白捉到了2只老鼠。

7. 生日聚会

这是迪奥第一次在中国过生日，爸爸妈妈特意为他举办了生日Party，迪奥高兴地邀请了5个好朋友。

一放学，迪奥就和爸爸到店里去取做好的巧克力蛋糕。到家时，小客人们已经先到了。小智正要送上准备的小礼物，美美却拦了一下，笑着对迪奥说："小寿星看礼物之前，先解一道谜题，怎么样？"迪奥高兴地答应了。

"今天我们5个人并不是同时来的：小智不是第一个来，小亮紧跟在小智的后面来，小西既不是第一个也不是最后一个来，美美不是第二个来的，优优在美美后面来但跟美美中间隔了一个人。"

请问：你知道我们5个人到达的先后顺序吗？

迪奥说明

根据题目的条件可以知道，小西、小亮、小智和优优都不是第一个来的人，所以美美是第一个来的。

由"小亮紧跟在小智的后面来"和"优优在美美后面来且中间隔了一个人"可知优优是第3个来的。

由"小西既不是第一个也不是最后一个来"，可知小西是第2个来的。

由"小亮紧跟在小智的后面来"，可知小智是第4个来的，所以小亮是第5个来的。

5个迪奥先后的顺序是：美美、小西、优优、小智、小亮。

8. 外国游客

暑假刚一来临,小智和伙伴们就带着狗狗小P来找布瓜博士交换谜题。谁知博士才走开,调皮的小P就撞翻了桌上的一叠明信片。

小伙伴们连忙捡起明信片。小智看了看,说:"这似乎是来自5个不同国家的朋友寄来的,我们将它们归类整理好吧。"

迪奥笑着说:"这可真是一道有趣的谜题呀!让我来出题吧。"

"5位朋友分别住在意大利罗马、日本东京、美国纽约、美国华盛顿和澳大利亚悉尼,请根据他们在明信片中对外出旅游的描述,确定他们各住在哪里?

约翰:我曾游览过美国,但还没去过澳大利亚。下个月,我准备去意大利旅游。

汤姆：去年我游览了纽约，今年，我将要去意大利的罗马。
玛丽：我去年去了纽约，那是我游览美国的第一站。
莉莎：我从没去过纽约。下周，我将会去意大利，然后去澳大利亚，这是我第一次出国旅游。
凯文：我想我今年恐怕没办法出去旅游了……"

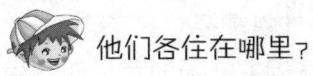 他们各住在哪里？

小提示啊

首先，由凯文的话可知，他没有住在美国、澳大利亚和意大利，因此他住在日本东京。

再根据汤姆的话可知，他没有住在意大利和澳大利亚，他也没去过美国，因此他住在美国的芝加哥。

由玛丽的话可知，她没有住在美国和意大利，因此她住在澳大利亚的悉尼。

由莉莎的话可知，她没有住在美国和意大利，因此她住在美国的纽约了……最后只剩下义，他就只能住在美国的罗马了。

8.

9. 谜样的抢劫案

一天，布瓜博士收到了雷顿探长的一封求助E-mail，E-mail中这样写道：

亲爱的老朋友布瓜博士：

你过得还好吗？我最近遇到了一件棘手的案子，非常需要你的帮助。

我们抓获了一起重大抢劫案的5名嫌疑犯，根据相关证据显示，他们当中只有3个人说的话是真的，但是我们还是无法分辨出谁是真正的主谋。老朋友，请你根据以下这5名嫌疑犯的话，帮助我们找出主谋吧！

嫌犯1：嫌犯4是主谋。

嫌犯2：我是无辜的。

嫌犯3：嫌犯5不是主谋。
嫌犯4：嫌犯1说的全是谎话。
嫌犯5：嫌犯2说的全是真话。

 到底谁是主谋呢？

博士说明

这个案件需要用到"假设倒推"的方法。

假设嫌犯1是主谋，则可推出嫌犯1说真话，嫌犯2说谎话，并有4个说真话，与犯罪止步3，假设不成立。

假设嫌犯2是主谋，则可推出嫌犯1说真话，嫌犯2说谎话，并有4个说真话，与犯罪止步3，假设不成立。

假设嫌犯3是主谋，则可推出嫌犯1说真话，嫌犯2说谎话，并有4个说真话，与犯罪止步3，假设不成立。

假设嫌犯4是主谋，则可推出嫌犯1说真话，嫌犯2说谎话，并有4个说真话，与犯罪止步3，假设不成立。

假设嫌犯5是主谋，则可推出嫌犯1说谎话，嫌犯2说真话，并有3个说真话，符合成立。

所以嫌犯5不是主谋。

10. 最简单的指路方法

快到中秋节了，美美想邀请迪奥到家里来做客，让他感受一下中国的传统节日气氛，可是迪奥对这座城市并不熟悉，要怎么样才能使他很容易地找到美美的家呢？美美想了很久，终于想出了一种最简单的指路方法，小智听了也连连夸她"真是聪明"呢！

你知道美美是怎样给迪奥指路的吗？仔细研究一下下面的地图吧。

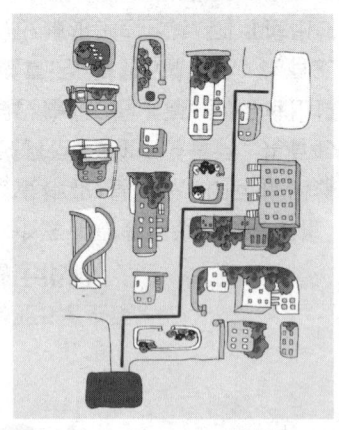

10. 告诉迪奥只有左转或者是右转，那么当他在路口时，只要左转或者是右转就能找到美美的家了。（见右图）

美美的图

11. 勇敢的探险家

在森林小镇的聚会上，布瓜博士认识了一位勇敢的探险家。他们交谈得非常愉快，探险家还向博士讲述了他的一次惊险的救人经历。可是当被救的3位姑娘家人前来道谢时，探险家却搞不清楚3位姑娘各来自哪家，又是从哪只狼爪下被救出来的，于是他拜托布瓜博士根据以下内容帮忙分辨：

①被救出的姑娘分别是牡丹、农庄家的女儿和从白狼爪下救出的姑娘。

②白兰不是书店家的女儿，茉莉也不是旅店家的女儿。

③从黑狼爪下救出的不是书店家的女儿。

④从红狼爪下救出的不是白兰。

⑤从黑狼爪下救出的不是茉莉。

 你知道哪家的姑娘是从哪只狼爪下救出的吗？

博士说明

由⑤种条件可以得出以下假设：

①牡丹，书店家的女儿；②牡丹，旅店家的女儿，红狼；③牡丹，旅店家的女儿，黑狼；④白兰，农庄家的女儿，红狼；⑤白兰，农庄家的女儿，黑狼；⑥茉莉，农庄家的女儿，红狼；⑦茉莉，书店家的女儿，白狼。

假设①成立，则与⑤矛盾，⑥与①矛盾，故①不成立。

假设②成立，则与⑤矛盾，④矛盾，⑥矛盾，⑦矛盾，没有矛盾，可以成立。

假设③成立，则与⑤矛盾，④与③矛盾，故③不成立。

因此，只有假设②成立时，所有条件不能矛盾，都可以得到：

牡丹是旅店家的女儿，从红狼爪下救出；白兰是农庄家的女儿，从黑狼爪下救出；茉莉是书店家的女儿，从白狼爪下救出。

12. 森林中的小镇

一个晴朗的午后，布瓜博士接受邀请去森林小镇参加一次聚会。走到镇口，只见路边一块指示牌上写道："欢迎光临森林小镇！请注意：本镇的居民中有1/2只说真话，另外1/2只说假话。"

博士走进小镇，继续前行。过了一会儿，他觉得有些口渴，忽然发现前面不远的路旁摆着几个水桶。于是布瓜博士向经过的小镇居民问道："您好，今天的天气可真好啊！"

"是啊，是个晴朗的好天。"对方回答。

"请问路旁这水可以喝吗？"

"可以。"

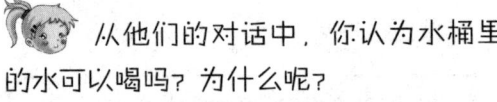
从他们的对话中，你认为水桶里的水可以喝吗？为什么呢？

聪聪说明

故事一开始指示牌说明本镇居民中有"一半说真话的人"，所以博士说："今天的天气可真好。"如果居民回答："是啊，是个晴朗的好天。"这说明这位小镇居民说的是真话。他是森林小镇中只说真话的人，那么接下来"水是不是可以喝呢"的回答也是真话，所以我们应该相信他：路旁水桶里的水是可以喝的。

怎么样，你知道了吗？推理可以有许多不同角度的，如果测试一些复杂包围圈中的一切事物中的一个一瞬间离你的小猎手。如果当你的心思集中在有关的问题上，抓住主干抛开其他问题就变得相当简单，那么解开一道难题也许你会发现并不是一件事是你想象的那么困难，从此一起兴趣吧。

13. 说假话的指示牌

小智的学校刚刚建好了新的游泳池、篮球场和足球场，粗心的管理员却在更换指示牌时将上面的数字搞错了，可是他只知道3块牌子中有一块是对的、一块是错的，还有一块是一半对一半错。于是，管理员请来小智、美美和迪奥一起帮忙调查。

小智来到篮球场，看到指示牌上写道："到游泳池300米，到足球场700米。"美美在游泳池旁，看到指示牌上写道："到篮球场200米，到足球场300米。"而迪奥到了足球场旁，见指示牌上写道："到游泳池400米，到篮球场700米。"3人还通过步数测量得出：篮球场到足球场的实际距离＞篮球场到游泳池的实际距离＞足球场到游泳池的实际距离。3人发现指示牌上的数字确实有问题。

3块牌子到底是哪块对，哪块错，哪块又半对半错呢？

博士说明

由3块指示牌上的数字可以知道，篮球场和足球场指示牌上的数字都显示为700米，而这2块牌子中的一块是一定对的，一块是半对半错的，即，游泳池指示牌是错的。

由3人的步数测量结果可知篮球场到游泳池的实际距离大于足球场到游泳池的实际距离，可是指示牌上篮球场到游泳池的距离为300米，足球场到游泳池的距离为400米，与实际不符，所以篮球场的指示牌不对。因此足球场的指示牌是正确的，即三角形两边之和大于第三边。所以足球场的指示牌正确，而篮球场的指示牌是半对半错。

即，足球场的指示牌是对的，游泳池的指示牌是错的，篮球场的指示牌是半对半错。

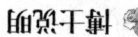

14. 杰克是哪国人

在一次国际科学交流活动中，几个来自不同国家的科学家来参观布瓜博士的实验室。其中，所有的英国人都穿正式西装，而所有的美国人则穿休闲西装。没有既穿正式西装又穿休闲西装的人，也没有两者都不穿的人。其中有一位名叫杰克的科学家身穿休闲西装。

根据以上所有条件，下面哪一种说法一定是正确的呢？

①杰克是英国人。
②杰克不是英国人。
③杰克是美国人。
④杰克不是美国人。

 请挑出正确的说法，并说明理由。

 游戏说明

因为"所有的英国人都穿正式西装"，而杰克却身穿休闲西装，所以"杰克是英国人"一定是错误的，而"杰克不是英国人"则一定正确。

题目中说"所有的美国人都穿休闲西装"，并没有说"所有穿休闲西装的都是美国人"，所以我们并不能确定杰克就是美国人，"杰克是美国人"和"杰克不是美国人"都不一定正确。

所以根据题目中给出的条件，这4种说法中只有第②种，即"杰克不是英国人"是一定正确的。

14. 杰克不是英国人。

15. 一封神奇的国外来信

一天放学后，迪奥收到了一封奇怪的国外来信，他把信拿给小智和美美看，信的内容是这样的：

"今天是我来到以色列的第5天，我去了它和约旦接壤的国界边境附近，在那里的湖中痛快地游了一次泳。以前，你们一直嘲笑我是一个旱鸭子，可这一次我的表现实在是太棒了！我发现游泳真的是一种享受。我既能游自由泳，也能游仰泳。当我伸展四肢浮在水面上仰望蓝天、白云时，我简直像进了天堂。我甚至还吸了一口气潜入水下。事后我才知道我的下潜深度已经达到海平面以下390多米，而我竟然没有使用任何潜水工具。说了这么多，你一定认为我是在撒谎，但我说的是千真万确的，只不过游泳之后皮肤感到很粗糙……"

看到这里，美美忍不住说道："这怎么可能，他一定是在吹牛吧。"

可是一旁的小智却胸有成竹地笑了笑，说："他说的都是真的，你再动动脑筋、仔细想想。"

 写信的人真的不是在吹牛吗？

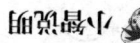

国外来信中的人英游泳的是死海。

死海是由于伦敦约旦河流入的一个内陆湖泊。死海的湖水中所含的盐分很高，几乎是一般海水的7倍，所以它的浮力很大，人在水中推不下沉。即使不会游泳的人，在这里也可以浮在水面上。死海的水面比海平面低390米，所以人只要漂浮一会儿，就已经到达海平面以下390多米了。

写信的人没有吹牛。

16. 谁在谁的左边

放学后,小智、迪奥和美美来到布瓜博士的实验室,将椅子在大书桌前摆成一排,开始写作业。不一会儿,小智家的狗狗小P跟着布瓜博士溜进了实验室,蹲在美美旁边的椅子上。

美美写完作业,抬头向布瓜博士问道:"博士,左边和右边看起来是一个很简单的问题,可是却常常有人会把它们弄混。我可以问您一个关于左边和右边的问题吗?"

"当然可以。"布瓜博士笑了笑。

"小智的左边是迪奥,迪奥的左边是美美,美美的左边是小P。"

 请问:小P永远都在小智的左边吗?

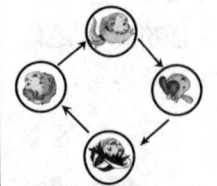

不一定,小P其实也有可能在小智的右边哦。如果照图中所示,你们围成一个圈圈的话,那么小P的位置就会变成小智的右边了。

博士说明

16.

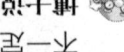

17. 裙子和玩具

美美即将过生日了，爸爸妈妈和朋友们都精心准备了各种礼物，可是调皮的小智却在装礼物的盒子上动了一点手脚。

右图是3个送给美美的生日礼品盒，每个盒子上都有标签，但是这些标签和盒子里的礼品却完全不符合。美美应该检查哪几个盒子里面的礼品，才能在打开最少盒子的情况下，确定哪个盒子里有什么礼品？

 哪个盒子里有什么礼品呢？

 美美说明

只检查标签为"2件玩具，1条裙子"的盒子。

你只需要将"2件玩具，1条裙子"的盒子里装的是什么礼品，就行了。如果里面装的是3件玩具，那么"3条裙子"的盒子里面装的就是2件玩具、1条裙子，另一个盒子里面装的就是3条裙子；如果里面装的是3条裙子，那么"3件玩具"的盒子里面装的就是2件玩具、1条裙子，另一个盒子里面装的就是3件玩具。

18. 羽毛球能手

学校的运动会上，大家都在热烈地讨论着正在举行的羽毛球比赛，因为最大的参赛热门——张老师、他的妹妹、他的双胞胎儿子和女儿都是羽毛球能手。关于这4人的情况如下：

① 常胜将军的双胞胎兄弟或姐妹与表现最差的人性别不同。

② 常胜将军与表现最差的人年龄相同。

迪奥听到这里，想了一想，对美美说道："我知道这4个人中谁是常胜将军了。"

美美疑惑地皱起眉头，一副不相信的样子，说："可是你才转学过来不久，又不认识张老师，你怎么会知道谁是常胜将军呢？"

这4人中到底谁是常胜将军，迪奥又是怎么知道的呢？

常胜将军是张老师的女儿。

游戏说明

根据②常胜将军与表现最差的人年龄相同，根据①常胜将军的双胞胎兄弟或姐妹与表现最差的人性别不同，因此4个人中有3个人年龄相同，由于张老师肯定比他的儿子和女儿大，因此年龄相同的只可能是张老师的妹妹、张老师的儿子和女儿。由①中所说的双胞胎兄妹来看，张老师的儿子不可能是常胜将军，当常胜将军是女儿时，根据①，常胜将军的双胞胎一定是张老师的儿子，由此可得张老师的女儿是常胜将军。

19. 品酒师的礼物

布瓜博士在一次宴会中认识了5位品酒师，他们的绰号分别是"琴酒"、"伏特加"、"威士忌"、"龙舌兰"和"白兰地"。当谈到友谊的时候，他们给博士讲了一件最能证明5个人友情的送礼趣事，可是5位品酒师都有些喝醉了，讲得并不很清楚。

某年圣诞节，他们每一个人都向其他4个人中的某人赠送了一瓶好酒。现在只知道：没有两个人赠送了相同的酒；每一瓶酒都是5人中某个人的绰号；没有人赠送或收到的酒是他自己的绰号；"琴酒"先生送给"白兰地"先生的是龙舌兰酒；收到白兰地酒的先生把威士忌酒送给了"琴酒"先生；其绰号和"龙舌兰"先生所送的酒名称相同的先生把自己的酒送给了"威士忌"先生。

 博士怎么才能知道"龙舌兰"先生所收到的礼品是谁送的呢？

博士说明：

甲．根据已知可知：
① 琴酒→白兰地←龙舌兰←●
② 白兰地→●
③ ●→琴酒←威士忌
④ 龙舌兰→▼←
⑤ ▼→威士忌

乙．● 可能是威士忌或龙舌兰；▼ 可能是伏特加或白兰地。因此●是⑤之外的人，即可以假设，●为伏特加，▼为白兰地，都可以：
① 琴酒→白兰地←龙舌兰←伏特加
② 白兰地→伏特加←琴酒←威士忌
③ 伏特加→琴酒←威士忌
④ 龙舌兰→白兰地←伏特加
⑤ 白兰地→威士忌

20. 两个电话

小智在放学的路上遇见了邻居郑阿姨,他礼貌地同她打招呼。可是郑阿姨却似乎心不在焉并没有注意到,于是小智走上前关心地问道:"郑阿姨,您好。您遇到什么难题了吗?"

郑阿姨这才看到小智,笑着说:"小智,你好呀。我这回真是遇到难题了,请你帮我解答解答吧。"

"昨天晚上,我不经意听到儿子在接电话。第一次,他接到电话很兴奋,笑着说:'好啊,我告诉你吧。'可是挂上电话过了一会儿,又一个朋友打电话过来,他这次却回答说:'笨蛋,这个我怎么会知道?'然后我追问他,让他对朋友们友好一点,他却说这两个朋友问的问题其实是一样的。这下我就糊涂了,两个都是他的好朋友,又没有吵架。到底是怎么回事?"

 郑阿姨的儿子到底被问了什么样的问题呢?

这个问题的答案有好多种。

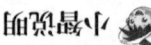 小智说明

"今天起床最晚的是你们中的哪一个?"第一个朋友问他。"你是在昨天晚上11点57分起床,第二个朋友问他的时候是晚上12点地一天的,可是到了晚上12点地一天的,"他兴奋地信心满满地答说。可是到了晚上12点之后有睡觉的另一个朋友打来电话问同样的问题,他起床还是昨天一天的最晚的,当然就不知道了。

第六篇

数字游戏

1. 过河

这一天，小智来到实验室的时候，迪奥和美美已经在帮助布瓜博士收拾他庞大的资料柜和书桌了。资料柜隔断的间隙中已经积蓄了一层明显的灰尘，书桌上也散乱地放着许多繁杂的资料。原来布瓜博士虽然聪明绝顶，却并不十分擅长清洁整理的工作，所以只好偶尔请来善良的小朋友们，一起做个大扫除。

3个小伙伴认真地干着活，忽然他们发现了一个有趣的资料夹，里面都是布瓜博士收集到的关于数字的谜题。小伙伴们暂时停下手中的活，兴奋地看了起来。

过河问题：大河上唯一的桥梁被水冲坏了，河边只有一条最多能装载5个人的小船，小船上最少要有1人才能划动。大河东岸来了37个人想要过河。

请问：他们要来回多少次才能全部过到河对岸呢？

第1次：5人划到河西岸，1人划船划回河东岸，河东岸还剩33人。
第2次：5人划到河西岸，1人划船划回河东岸，河东岸还剩29人。
第3次：5人划到河西岸，1人划船划回河东岸，河东岸还剩25人。
第4次：5人划到河西岸，1人划船划回河东岸，河东岸还剩21人。
第5次：5人划到河西岸，1人划船划回河东岸，河东岸还剩17人。
第6次：5人划到河西岸，1人划船划回河东岸，河东岸还剩13人。
第7次：5人划到河西岸，1人划船划回河东岸，河东岸还剩9人。
第8次：5人划到河西岸，1人划船划回河东岸，河东岸还剩5人。
第9次：5人划到河西岸，所有人都过河了。

小智说明
1. 来回9次。

2. 猎人的收获

"这本资料夹里写有提示,解起题来一点也不难。不如让一个人先把题念出来,另外两人来解,解对题的人再来念下一题,你们看怎么样?"美美提议道。

"好啊。"小智和迪奥都很同意。

"上一题是我解的,那么我先来念吧。"小智说着拿起资料夹,念道:

"有一个猎人很擅长打猎,常常能把很多猎物带回家,为此其他猎人都很羡慕他。可是渐渐地,周围森林里的猎物越来越少,种类也不如以前多了,猎人的收获变得越来越少。有一天,猎人一早就出门去打猎,直到天黑了才回到家。他的妻子问:'你今天打到几只猎物呢?'猎人回答说:'打了6只没有头的,8只半个的,9只没有尾巴的。'聪明的妻子马上就明白他的收获了。"

 你知道他到底收获了几只猎物吗?

美美说明

猎雄开发现这难题一定要仔细地算每一个数字的秘密。猜字 "9","头" 没有 "头",就 "0","8" 去掉一半中间是 "0",猎字 "6" 没有 "尾巴",也是 "0",所以没有猎获。 "为什么你没有收获?" 美美疑惑就是 0 只。

看看他们俩的答案,美美用了猜谜游戏的方法发现,这个猎人的收获原来在字谜当中。出于森林里的猎物数量越来越少,新生的猎物都来不及繁育生长,这样长此以往一定会越来越少的。因此,"猎人" 在回答小迪他们时用了隐晦的表达方式表明自己已经没有收获了。他回答小迪他们的时候也意味着对打猎的兴趣少了。

答案是 0 只。

3. 难解的债务关系

美美解完题，从小智手里接过资料夹，继续念出下一道题：

"甲、乙、丙、丁4个人是好朋友。有一天，甲因为一些事情急需用钱，就向乙借了10元钱，乙也正好要买一些东西，又向丙借了20元钱，而丙自己的钱实际上也不多，于是向丁借了30元钱。而丁刚好在甲家附近买书，就去找甲借了40元钱。

过了几天，4个好朋友约好一起出去玩，趁机要将欠款一一还清。"

 请问：他们4人该怎么做才能动用最少的钱来解决问题呢？

游戏说明

只考虑清4人之间的债务关系：

甲借入10元，借出40元，最终应得偿还30元钱；

乙借入20元，借出10元，最终应偿还10元钱；

丙借入30元，借出20元，最终应偿还10元钱；

丁借入40元，借出30元，最终应偿还10元钱。

由此可知，只要让乙、丙、丁各拿10元给甲就可以结清债务，而且这样只需要动用最少的30元钱。如果每个人都将欠债还清再索要别人的欠款，则需要动用100元钱。

让乙、丙、丁各拿出10元钱还给甲，共动用了30元钱。

4. 自作聪明的盗贼

这回轮到迪奥来念题了，他的发音有时会有一点点偏差，不过两个小伙伴立即就帮他纠正了过来，他也十分认真地继续读着题目：

"一个被追捕了很多年的名画大盗突然有一天向警察自首。他自称自己10年间偷来的100幅世界名画被他的25个手下偷走了。这些人中最少的偷走1幅，最多的偷了9幅。但是这25个人各自偷了多少幅名画，他也记不清楚了，可以肯定的是，他们偷走的名画都是单数，没有双数。他为警方提供了这25个人的名字，条件是免除他的罪责。警察同意了。但是当天下午，警长就下令将自首的大盗抓获了。"

 这到底是为什么呢？

小尉说明

我们知道，两个奇数相加，和是双数；而两个奇数相加，和也是双数；

根据题目条件，将100这个偶数分成25个奇数，也就是说25个奇数的和应该等于100。由上图的演绎我们可以知道，24个奇数相加的和应该是一个双数，而再加上一个奇数时，也就是25个奇数相加，和一定是一个奇数。由此，将100幅名画分给25个人，每个人分到的数量都是一个奇数是不可能实现的。且其可能发生的，名其名画大盗这么说一定是首谋想推脱他自己的手下，让他自己一个人顶罪，骗名名画。

100不可能成为25个奇数相加的和。

5. 巧填算式

小智从迪奥手中接过资料夹，翻到下一题看了看，然后慢慢走到布瓜博士的移动黑板前，在上面一边写一边大声地说道："这道题是运算题，请在下面算式中填入适当的运算符号，使等式左右两边成立。一共有两组，不如你们一人一组一起解吧。"

"好啊。"迪奥和美美爽快地答应了。

第一组：4 4 4 4 = 1
4 4 4 4 = 2
4 4 4 4 = 3
4 4 4 4 = 4
4 4 4 4 = 5

第二组：2 3 4 5 6 7 1 = 51
5 6 7 1 2 3 4 = 51
6 7 1 2 3 4 5 = 51

 你能解出全部的算式吗？

 第一组，美美解答：

$(4+4) \div (4+4) = 1$
$4 \div 4 + 4 \div 4 = 2$
$(4+4+4) \div 4 = 3$
$(4-4) \div 4 + 4 = 4$
$(4 \times 4 + 4) \div 4 = 5$

第二组，迪奥解答：

$2 + 3 \times 4 + 5 \times 6 + 7 \times 1 = 51$
$5 + 6 \times 7 + 1 + 2 - 3 + 4 = 51$
$6 \times 7 + 1 + 2 - 3 + 4 + 5 = 51$

这道题看着很乱，其实它的奥妙就在于运算符号的运用。每当一个数字变化时，后面只要我们动脑筋，其实这类题答案并不少。难怪老师会对我们说：学习没有捷径，运用你的脑子才是我们学习的唯一途径。

6. 同笼的鸡和兔

接下来的一道题由美美来念。

"一天晚上,农场里新来了一批鸡和兔子,它们被关在同一个笼子里。农场主正打算清点数目,却正好停电了,农场里一片漆黑。于是,他在桌子上点燃了8根蜡烛。但是外面一阵风吹来,有3根蜡烛被吹灭了。不多时,又有2根蜡烛被风吹灭了。农场主赶紧关上窗户,之后蜡烛再没被吹灭。农场主借着昏黄的烛光来清点鸡和兔子数,可是他实在看不清楚哪些是鸡哪些是兔子,只数出了鸡头和兔头共有36个,鸡脚和兔脚共有100只。"

你能帮他算出笼子里各有多少只鸡多少只兔子吗?还有桌子上的蜡烛最后还能剩下几根呢?

小蝌蚪明

我们知道鸡和兔子都各有一个头,而每只鸡有2只脚,每只兔有4只脚。由题中可知,鸡和兔子总共有36只,鸡脚和兔脚有100只。

假设鸡有x只,那么兔子应有(36-x)只,鸡脚就有2x只,兔脚应有4(36-x)只,所以可以得出算式:2x+4(36-x)=100。可以算出x=22,即鸡有22只,因此可知兔子有14只。

桌子上燃烧的8根蜡烛中,有5根已经被吹灭了,而剩下的3根蜡烛不会被吹灭了,因此桌子上最后还应该剩下5根蜡烛未被风吹灭的蜡烛。

答:笼子里有22只鸡,14只兔子;桌子上最后还应该剩下5根蜡烛。

7. 胡夫金字塔有多高

小伙伴们正读得兴高采烈，布瓜博士又抱了一堆资料放在桌子上，他笑呵呵地说："原来你们发现了我的宝贝资料夹，这里面可是有着数不清的有趣谜题哦。"说着又指指桌上的资料，接着说："这些都是新收集的谜题，还来不及整理呢。有兴趣的话就请你们帮我分分类，把里面关于数字、数学的谜题都挑出来，怎么样？"孩子们爽快地答应了，然后便立刻开始。

"埃及的金字塔是世界上七大奇迹之一，其中最高的就是胡夫金字塔，它的神秘和壮观曾倾倒了无数人。胡夫金字塔的底边长230.6米，由230万块重达2.5吨的巨石堆砌而成。金字塔的塔身是倾斜的，即使有人爬到塔顶上去，也无法直接测量出它的高度，人们为此非常苦恼。后来有一个数学家却轻松地测出了胡夫金字塔的高度。"

 你知道他是怎么做的吗？

 思路提示

他们用了等腰直角三角形的特性。

 智慧解明

这位数学家提起了一个木棍，从中午十一算起到下午的某个时刻，每隔一段时间就去看一下立在地上的木棍的影子和木棍有没有相等的时候，测量出金字塔的影子的长度。它就应该等于金字塔的高度，因为测量的时候，太阳光正好是以45°角射向地面，这样形成了一个等腰直角三角形，它们的斜边长度是相同的，其中一条直角边是等腰的长度，另一条就是金字塔的高度。

8. 如何分米

小智从资料中抽出一道题递给迪奥，说道："这道题跟数学运算有关系，你来读吧。"

迪奥接过来，看了看题，开始读道：

"有两个合伙卖米的商人决定要散伙，他们打算把最后剩下的10公斤米平分，然后各自回乡。可是这时他们才发现手中的秤已经坏了，也没有其他的称量工具，剩下的只有一个恰好能装下10公斤米的袋子，一个刚好能装下7公斤米的桶和一个最多能装下3公斤米的盆。

他们想来想去，到底怎样才能用手中的工具将这10公斤米平分呢？请你帮帮他们吧。"

 你能帮他们把米平分吗？

笨笨说明

①先用米袋盛满3公斤的盆，将盆倒入7公斤的桶里。

②再次装3公斤的盆盛满米，并将盆里的米倒入7公斤的桶里，这样袋中只剩下2公斤米。

③将7公斤米的桶倒入10公斤的袋子中。

④将袋中剩余的2公斤米倒入7公斤的桶里。

⑤将3公斤的盆盛满米，再把盆中的米倒入7公斤的桶里，这样桶和盆子里就一共有5公斤了。

9. 三个桶的交易

美美解完题后拿起手中的另一份资料，说："我这儿也有一道类似的谜题，谁有兴趣解解看呢？"说着便读了起来。

"有一个农夫用一个大桶装了12公斤油到市场上去卖，恰巧市场上两个家庭主妇分别只带了5公斤和9公斤的两个小桶，但她们共买走了6公斤的油，其中那个矮个子的家庭主妇买了1公斤，那个高个子的家庭主妇买了5公斤，更为惊奇的是她们之间的交易没有用任何计量的工具。"

 你知道她们是怎么分的油吗？

先用5公斤的桶装满油倒入9公斤的桶里，再从大桶倒出5公斤油装到5公斤的桶里，然后用5公斤桶里的油将9公斤的桶装满。现在，大桶里有2公斤油，9公斤的桶已装满，5公斤的桶里有1公斤油。

将9公斤桶里的油全部倒回大桶里，大桶里有了11公斤油，把5公斤桶里的油倒进9公斤的空桶里，再从大桶倒出5公斤油，现在大桶里有6公斤油，当5公斤的油全部被装进了9公斤的桶里。

10. 奇怪的数

听完了小智的解答,迪奥忽然叫道:"快看,这也有一道题是跟数字有关的!"小智连忙接过这一份资料念了起来:"有一个奇怪的三位数,减去7后正好被7除尽;减去8后正好被8除尽;减去9后正好被9除尽。"

 你来猜猜这个三位数是多少?

10. 这个奇怪的三位数是504。

 思路说明

"减7后能被7除尽",也就是说这个数是"7"的倍数,同理可知,这个数也是"8"的倍数,还是"9"的倍数,因此这个数既是7、8、9并且能同除尽,同时又是一个三位数,所以用7×8×9=504,这个三位数是504。

11. 不成立的等式和划分区域

下面两道题同样是跟数字有关，而且都是用图形摆出来的。

第一道题：不成立的等式

图中的算式是由18根火柴组成的，但是仔细看看就会发现，算式的左右两边并不相等。请你只移动其中的一根火柴，使这个算式成为等式。

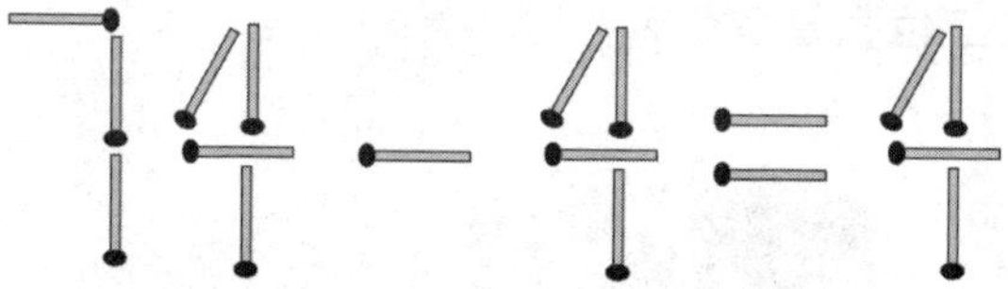

第二道题：划分区域

请尝试将下面的方格划分为6个完全相同的部分。要求划分后的每个部分中，所有数字之和必须等于17。

7	1	4	4	4	3
3	5	5	3	5	2
5	5	1	3	5	0
1	4	3	2	0	5
3	0	4	5	6	4

答案：

第一道题：

第二道题：

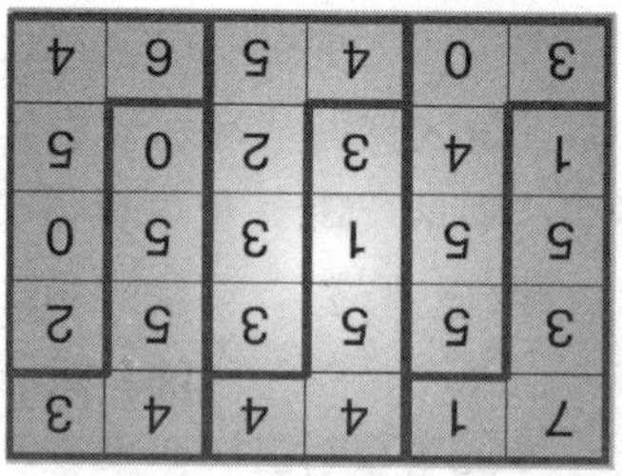

12. 两个数字方格游戏

"这里还有两道要求将特定数字填进方格里的游戏题。"美美笑着说。

第一道题：图中共有16个方格，每行每列都各有4个格子。在每一行、每一列以及整个数字方格的两条对角线上，都要含有1、2、3、4这四个数字。现在，在一些数字方格上，已经写好了部分数字。你能根据这一规则把方格中的其他数字都填写完整吗？

第二道题：图中共有8个方格，请你将1~8这8个数字分别填入不同的方格中，使方格里的数不论是中间四个方格，还是对角的四个方格以及外面四个角的方格之和都等于18。

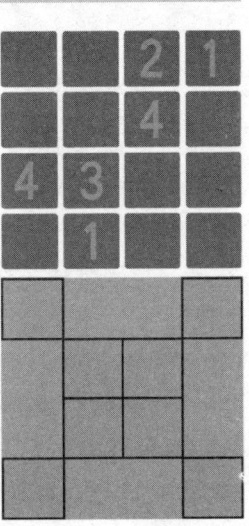

 想一想你该怎么填呢？

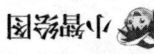

13. 粗心的管理员

翻了一会儿资料，小智突然想起了什么，对美美说道："还记得我们上次去公园，帮管理员的那个忙吗？"

"唔，你是说摆放垃圾桶的那次吧。那也算道有意思的谜题，而且跟数字有关。"说着美美转头对迪奥说，"怎么样，迪奥，要不要挑战一下呢？"

"OK！"迪奥立刻答应下来。

"公园的管理员看到公园里到处都是游客们扔的垃圾，感到非常气愤。他决定增设20个垃圾桶，分别放在5条相互交叉的路上，每条路上放4个。但由于粗心大意，他只带来了10个垃圾桶。这可怎么办呢，难道要把垃圾桶劈成两半吗？聪明的你请帮忙想想办法吧。"

 你能按要求摆好垃圾桶吗？

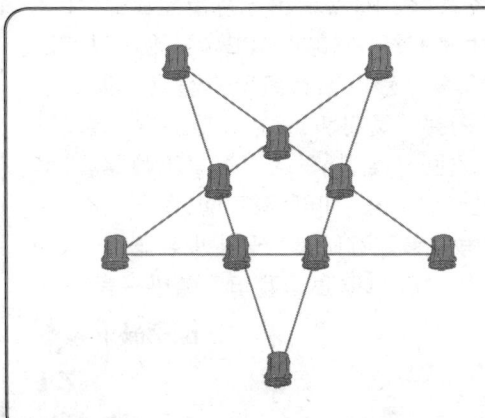

13. 粗心的管理员

因为只有10个垃圾桶，但要摆成每排4个共5排也并不是不可能的任务，只要把每一排头尾连接起来，形成一个五角星的形状，就准备齐全了。图如：

14. 多少只羊

迪奥接着拿起一份资料，说道："这道谜题好像也挺有意思的，大家一起解解看。"

"一个牧羊人赶着一群羊在草原上往前走，路上遇到了一个牵了一只肥羊的商人。商人问牧羊人：'你这群羊有100只吗？'牧羊人说：'如果再有这么一群，再加上半群，又加四分之一群，最后把你的那一只羊凑进来，才满100只。'商人一下子糊涂了，不知牧羊人到底有多少只羊。"

 请问：牧羊人到底赶了多少只羊呢？

14.

36只羊。

笑笑说明

这道题只要先假设牧羊人有x只羊，我们列出的算式就好了。根据题意，我们可以列出算式：$x+x+\frac{x}{2}+\frac{x}{4}+1=100$。那么可以解得值是$x=36$。我们可以再验算一遍，36只羊加36只羊，加18只羊再加上9只羊就是99只羊，最后再加一只羊的人的一只羊就有100只羊。所以牧羊人总共一共赶了36只羊。

15. 和尚分馒头

这时,大家都觉得有一点儿累了,可是剩下的资料谜题也在渐渐地减少中。看了看已经整理好的一摞摞整齐的资料,美美满意地笑了。不一会儿她又发现了一份数学谜题资料:

"有100个和尚来分100个馒头,正好分完。如果大和尚每一人分3个馒头,小和尚3个人分一个馒头,请问大和尚和小和尚各有多少人?"

"3个人分一个馒头,会不会吃不饱呢?"小智嘴里小声地嘀咕了一声。

 你知道大和尚和小和尚各有多少吗?

大和尚有25人,小和尚有75人。

小智说明

你可以用"假设法"来计算,由于1个大和尚分3个馒头,小和尚3个人分一个馒头,令并计算,即每4个和尚吃4个馒头,这样,100个和尚正好分成25组,而每一组中恰好有1个大和尚,所以我们可以立即算出大和尚有25人而小和尚有75人。

本题算式:100÷(3+1)=25,100-25=75。

16. 一台老钟

接下来，小智念道："有一台老钟，每小时慢4分钟，3点以前和一只走得很准的手表对过时，现在这只表正好指在12点。"

 请问：老钟还需走多少分钟才能指在12点？为什么？

16.

36分钟。

对于老钟来说，从3点到12点，一共9个小时，实际需要的时间是9×(60+4)分钟，即576分钟。而准目的表走了12点，则已经走了9×60分钟，即540分钟，所以还差576−540分钟，即36分钟。

17. 什么时候相遇

迪奥手里拿着一份资料，对小智说："小智，你喜欢看赛马吗？"

小智回答："我还没有看过真正的赛马呢？只不过偶尔在电视上看到，一点都不过瘾。"

迪奥笑了笑，说："在我的家乡，人们都非常爱看赛马。那些骏马奔驰的样子，实在是太美太帅了。以后有机会，我一定要带你们去我的家乡看赛马比赛。不过，我现在手里就有一道关于赛马的题目。"

"在一个赛马场里，A马1分钟可以跑2圈，B马1分钟可以跑3圈，C马1分钟可以跑4圈。"

请问：如果这3匹马同时从起跑线上出发，几分钟后，它们又相遇在起跑线上？

答案

17.

1分钟后。

笑笑说明

不管跑得远还是近了，当经过正正好在1分钟的时候它们又相同了，也是都准备再跑啦，是1分钟的时候，所以在1分钟之后，A马跑了2圈，B马跑了3圈，C马跑了4圈，它们三匹马都会相遇在起跑线上。

18. 多少岁

有关数学的谜题越来越少,三个人在资料中翻了很久,美美终于找到一张才写了两三行字的纸,大声念道:"一个人在公元前10年出生,在公元10年的生日前一天死去。请问:这个人去世时是多少岁?"然后接着说:"这个人在20岁生日的前一天去世,那当然就是19岁了,这样的题也想要考人吗?真是奇怪。"

迪奥在一旁笑了笑,说道:"美美说得不对,他到底多少岁,你知道吗,小智?"

 请问:这个人到底多少岁呢?

小智说明

18岁。

这个人去世时是18岁。因为并没有公元0年,公元前1年的下一年就是公元元年,也就是公元1年,所以从公元前10年到公元10年间实际上是19年,并不是美美想当然的20年,当日期再一天就再过一天之差,在年纪上就相差一岁。

19. 分橘子

美美粗心地解错了题，又有点儿气恼又难为情，岔开了话题，说：“我们是不是已经把所有的数学题都整理完了。”小智拿了一张纸，说道：“我这里还有应该是最后一道题了，解完这道题就真的是整理完了。我们最后再加一把油吧。”

“甲、乙、丙三家约定9天之内各打扫3天楼梯。由于丙家有事，没能打扫，楼梯就由甲、乙两家打扫，这样甲家打扫了5天，乙家打扫了4天。丙回来以后就以9斤橘子表示感谢。”

请问：丙该怎样按照甲、乙两家的劳动成果分配这9斤橘子呢？

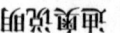

答案

19.

甲家分6斤橘子，乙家分3斤橘子。

趣味说明

在帮丙家必须打扫的3天中，甲家多打扫了2天，即全部工作的2/3；乙家多打扫了1天，即全部工作的1/3。因此按此比例，甲家应分得6斤橘子，乙家应分得3斤橘子。

20. 赚了多少

布瓜博士忙完了手中的工作，连忙端出一些牛奶和水果来慰劳这三位辛苦忙活了一整天的小伙伴。三人把整理好的资料交给博士，然后洗洗手，吃起了水果。

博士看着整齐干净的资料柜和桌面，满意地说："真是太谢谢你们这几个小机灵鬼了。如果有什么需要帮忙的，尽管提出来，博士我一定想办法帮助你们。"

小智脑筋一转，立刻提出："那请博士先帮我们解两道题吧。"

"第一道题：一个人从市场上花8元钱买了一只鸡，买了之后想想不合算，以9元钱给卖了。卖掉之后又突然想吃鸡，于是就花10元钱将鸡买了回来。可是回到家一看，家里有鸡，于是以11元钱又卖掉了。这个人一共赚了

多少钱呢？"

"第二道题：有一户人家很喜欢喝牛奶。近期商店促销：5个空瓶可以换1瓶新的牛奶。这户人家一个月内喝掉了161瓶牛奶，其中有一些是买的，也有一些是用喝过的空瓶换来的。请问：他们这个月至少买了多少瓶牛奶？"

 这两道题的答案各是多少呢？

博士说明

第一道题：第一次8元钱买来9元钱的东西赚了1元，第二次10元钱买来11元钱的东西赚了1元，这个人总共赚了2元钱。

第二道题：先买161瓶牛奶，喝完后用这161个空瓶可以换回32瓶（161÷5=32……1）牛奶，然后再用这32瓶牛奶的空瓶，这样一来，实际上只需要买161－32=129瓶牛奶。

可以具体验算一下：先买129瓶牛奶，喝完后用其中125个空瓶（还剩4个空瓶）去换25瓶牛奶，喝完后用这25个空瓶可以换5瓶牛奶，其中5个空瓶还可以换1瓶牛奶，都可以用这4个空瓶和换剩下的4个空瓶再加1瓶牛奶，这样就喝完了：129+25+5+1+1=161瓶牛奶。

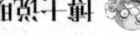

20.

第七篇

观察游戏

1. 最高的人

不久前，布瓜博士收到一套美术馆"神奇视觉艺术展"的招待券，这天刚好是周末，于是他便带着智能解谜团的各位成员一起去大开眼界。

布瓜博士、美美、小智、迪奥四人刚走进展览大厅，就被这幅有趣的作品吸引住了。这幅画的内容为：在一条长长的走廊背景前，站着3个人，他们看起来好像高矮不同。

 谁才是最高的那一位呢？

1. 3个人一样高。

 博士说明

这是一幅立体空间图，如果你测量一下就会发现，3个人其实是一样高的，之所以看起来萨姆像图里的那3个人，是因为他们置身画中的背景更显其不同，从而产生了视觉的错觉。

2. 流动的竖线

不一会儿，小智和美美又发现了另一组奇怪的展品，它由很多很多条竖线有秩序地排列组成，形成了一道美丽的弧形，仿佛真的会流动似的。迪奥指了指展品旁的牌子，上面写道："在这些流动的竖线中，你能找出最长的一条竖线吗？"

你知道哪条竖线最长吗？

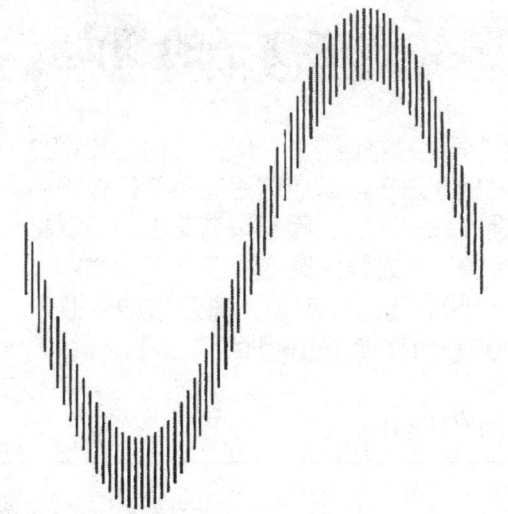

 小智说明

所有竖线都一样长。

在这些流动的线条中，没有人能够真的找到一条最长的竖线，因为图案让我们看起来这些线条的长度都是不同的，但其实所有的线条长度都是相同的，不信，你就量一量吧。

3. 黑圆点不见了

"这是一道世界上最简单的问题。这个问题只要用一只眼睛就可以办到。"这是第三幅在神秘视觉艺术展中地吸引大家目光的展品,展品内容很简单:一张白色的卡片纸,上面的左边画了一个,右边画了一个。

旁边一块指示牌上写着:"不要用手或任何工具,请使这张白纸上的圆点消失,但三角不能消失。不能用纸遮住或者用涂改液涂掉哦。"

黑圆点真的能消失吗?

4. 改变房子的朝向

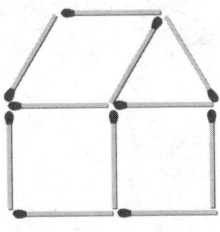

展览中有一块"有奖答案区"显得格外热闹,小智3个人花了半天工夫才挤了进去。只见这里有各种各样的小谜题,摆火柴、拼盒子、考眼力,看起来有趣极了。美美也跃跃欲试,首先挑选了一道摆火柴的题目。

"这里有一个火柴搭建的小房子,请只移动一根火柴,使房子的朝向与原来的方向正好相反。"

应该怎样移动火柴呢?

答案说明

3. 将右眼闭上,只用左眼注视那只黑色的三角形的距离。这发现这现象跟距离有关,我们并不是看黑色的所有东西,都并是当了视网膜我们的黄斑对在其上,眼睛就没有办法看到了,如果并拢时,那么黑色就会消除图片并没有黑点,你一定可以体验到的。

4. 将中间上面的那根火柴移到图中的那根火柴,就是答案图了。

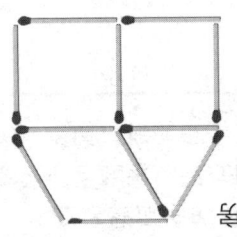

5. 两位数学老师

小智看中了一道情景题，题目是这样的：

有两位数学老师相对坐在办公室的一张大桌子上看同一份作业，他们为了其中的一道算式争得面红耳赤，其中一个说："这个等式是正确的。""不，这完全是错误的。"另一个说。

 请问：他们正在看的是一个什么样的算式呢？

5. $9×9=81$。

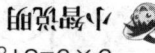 小智说明

这个算式是 $9×9=81$，一个老师认为是正确的，但是从对面的方向来看得出正确的答案，另一个老师则看是 $18=6×6$，这可就不对了。

6. 寻找正六边形

布瓜博士在一旁笑呵呵地看着孩子们,这时小智拿了一道题给博士看:

这是一个由三角形与菱形组成的图案。事实上,在这个图案中藏有一个正六角形。

 请你找出它在哪里?

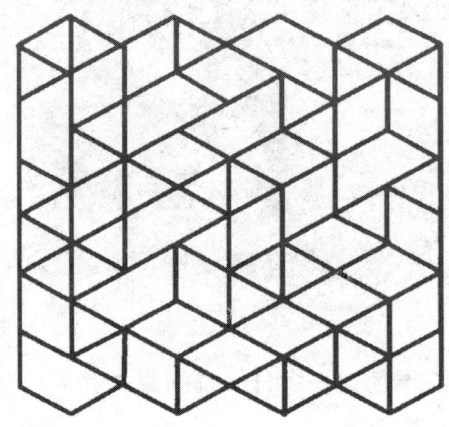

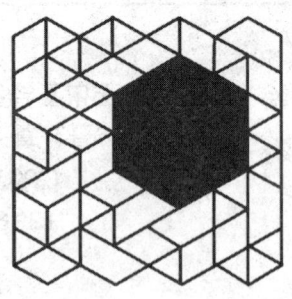

7. 一笔成图

提起绘图，美美一下子来了精神。

这6幅图（下图）中有一些是可以一笔画出来的，也有一些是不能一笔画出来的。

要求不能重复已画的路线。

 你能判断哪些图能一笔画出来，哪些图不能一笔画出来吗？

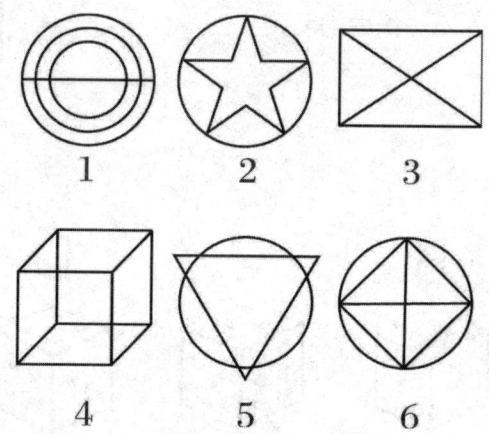

7. 1、2、5可以一笔画出来，3、4、6不能一笔画出来。

🐟 美美绘图

这道题一定要亲自画一画，来确定能不能画出来的。

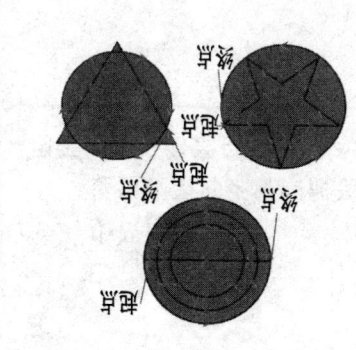

8. 骰子构图

接下来是两道立方体构图的谜题，小智拿了前一道，把后一道递给迪奥。

这里有一个六面骰子展开的骰面，以下有A、B、C、D、E五个组装好的骰子。

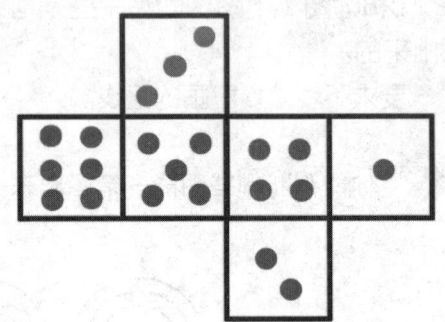

 哪一个是骰面无法构成的？

A　　　　B　　　　C　　　　D　　　　E

> 小智说明
>
> 这张骰面上的数点数于每个图与其相同的边和顶点，由纸板剪出一张且折一下，就信你当时已了。
>
> E。

9. 立方体问题

迪奥接过第二道立方体问题,打开它边看边想:
同一种图案不可能在两个以上的立方体表面上同时出现。

看一看,下面哪个图不属于同一个立方体呢?

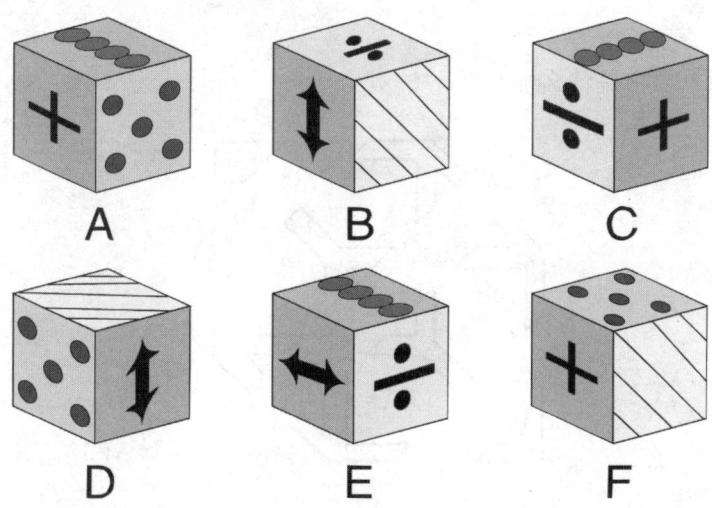

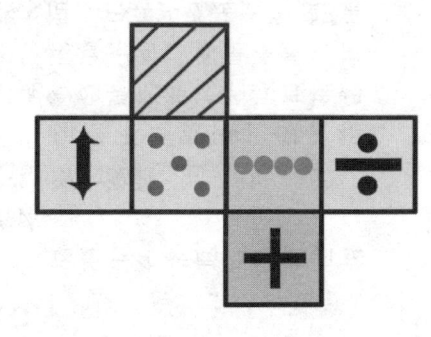

讲解说明

根据所有图案都是一个立方体,你就可以得出这个立方体的示意图,如上。关于其中只有D图里的图案和其他图片有差异,所以D图画的并不是同一个立方体。

D图不属于同一个立方体。

10. 考眼力

3个小伙伴一口气解开了好几道谜题，也顺利地赢得了自己想要的奖品。接下来，他们同布瓜博士继续观看神奇视觉艺术展。

突然，美美发现了一幅奇怪的画，上面有一些奇怪的转弯，又好像被什么东西遮挡住了。布瓜博士看了看，笑着说："考考你们的眼力，仔细看一看这张画。

想一想它是什么呢？"

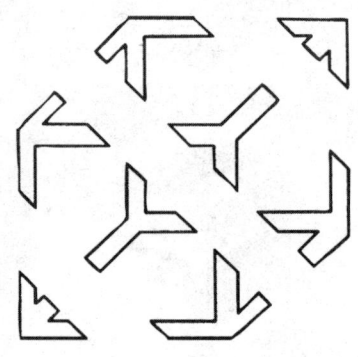

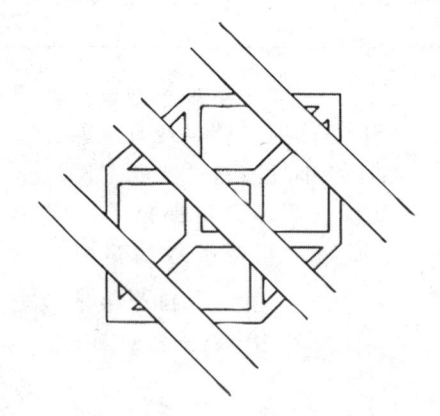

博士说明

你看出是什么了吗？你可以把它们相对的部分连接起来，再看一看，你是不是会发现呢？其实它就是一张3条带子遮挡住了一部分的方体。

10. 这是一个被带子遮住的方体。

11. 该涂黑哪些

美美拉着博士到了一堆方块"金字塔"前,这是由10个方块组成的一个大三角形,就像金字塔的形状。要求把其中的4个方块涂黑,使得这里没有任何地方能构成等边三角形。

 你知道应该涂黑哪4个吗?

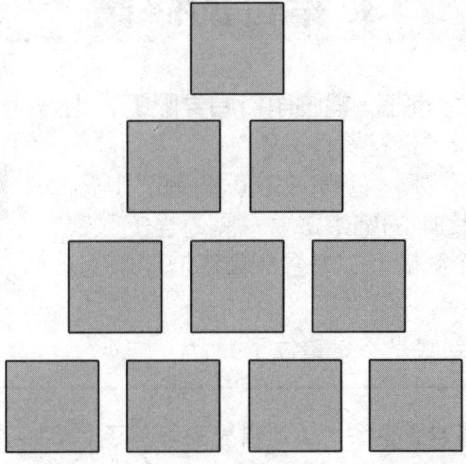

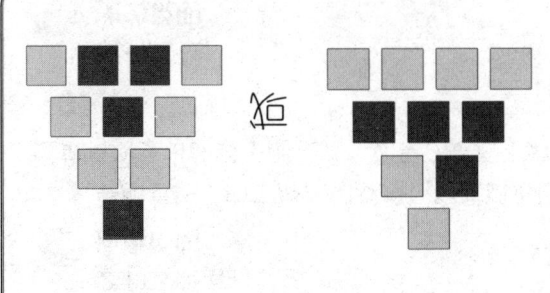

美美说明

11. 我先要找出10个方块各能组成多少个什么样的正三角形,然后按这样的正三角形的多少来找出来,从中挑选出4个最重要的方块涂黑,如右图所示。

12. 哪根绳子没打结

迪奥被4条绳子吸引了过去,他聚精会神地看着,图中的4条绳子错乱地缠在一起,其中有一些被打上了结,另一些则没有。

 到底哪些绳子没被打结呢?

13. 错位的眼睛

布瓜博士看到小智站在一幅画前挤眉弄眼的,也好奇地走了过去,问道:"你在看什么?"

小智疑惑地问博士:"博士您看,她的眼睛错位了吗?"

博士一看,原来图中的姑娘戴着一副奇怪的眼镜,看起来一个眼睛高一个眼睛低,好像严重错位了似的。

 那么她的眼睛到底是不是错位了呢?

 聪明泡泡

如果你用尺把其他工具测量一下,就会发现这个人的眼睛并没有错位,你把眼睛移到图片的其他部分,就会因为我们视觉错觉引起了错位的错觉(错位)。所以不是她的眼睛错位了,这也是著名视觉的特点之一。

 没有错位。

13.

要仔细观察绳子的走向就能够辨别,答案就是那些圈形的绳结如果拎起来一拉就会打开,如果其中的圈子拉不开,就说明是真正地打结了。

 游戏说明

②和③没有打结。

12.

14. 路线图

另一边的美美挥手招呼着,叫大家过去。迪奥和小智几步跑到她的身边,看着眼前一张棋盘似的地图,旁边的牌子上写道:

如何在地图中画出A到a、B到b、C到c、D到d的路线,使这些路线没有相互的交叉点呢?

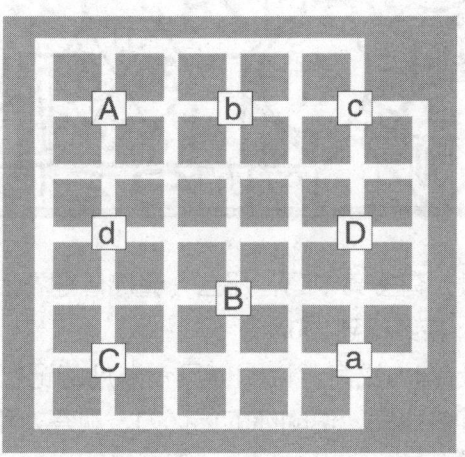

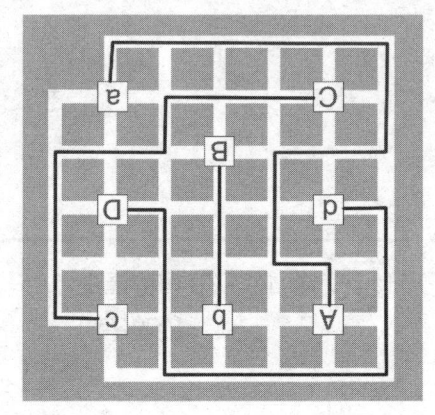

14. 小智绘图

人们都知道这些美丽的路线,他都在这里再行不通。我们只对什么动脑筋来解路线能走的,哪来只有可以继续交叉的,多其几次,你就一定能找到我们正确的画线路,可图就完善我的答案了。

15. 脑力检测表

不一会儿，布瓜博士又招呼伙伴们来到了美术馆的另一边，这里也有一件重要的展品：

想知道你的记忆力有多好，观

察力有多敏锐，注意力有多集中吗？那么，请你仔细看上图，然后用最快的速度从图中由1开始，持续找到100。

如果你能在15分钟内找完，说明你具有非凡的记忆力、观察力和注意力；如果你在25分钟内找完，说明你的记忆力、观察力和注意力都很正常；但是如果你超过了35分钟，还没有找完，那么说明你的记忆力、观察力和注意力都要加强喽。

 怎么样？赶快来测一下吧。

15. 博士说明

不要被图的乱相所惑，只要耐事中没恒心就可以了。

16. 贪心的老鼠

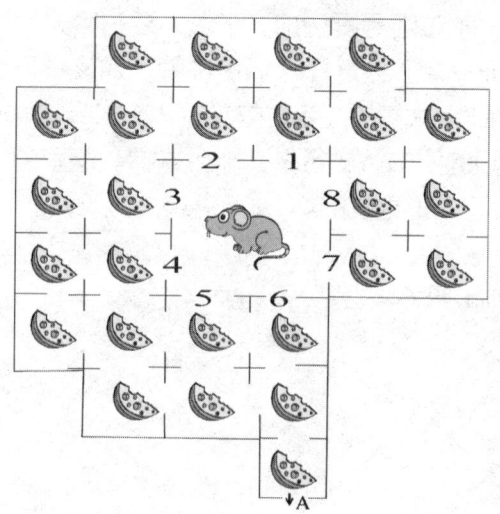

博士一行几人已经参观完大半的"神奇视觉艺术展",正要继续往前走的时候,突然发现美美不见了,几个人急忙在附近找了起来。迪奥挤进一群人中,忽然看到美美正在最前面用手比划着,他走到美美身边,一起看去,是这样一道题:

每间房里都有一块点心。一只贪心的老鼠想一次吃完所有的点心后,从A门出去。请问老鼠从1~8中的哪扇门进去,才能不走重复路线(每间房只允许进出各一次,并且不许从同一扇门进出)?

提示:从唯一的出口A门倒着向前寻找路线,这样成功率更大一些。

 请你帮老鼠想一想该怎么走。

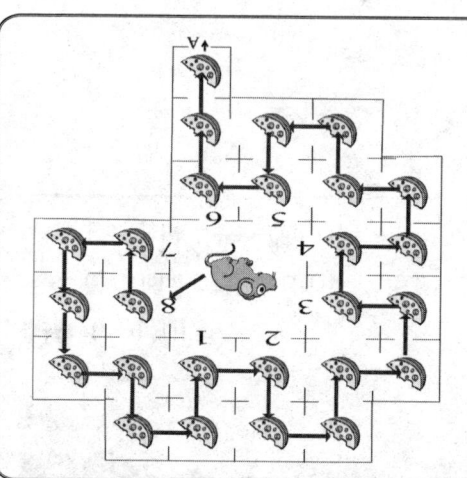

 美美答图

这道题没有什么诀窍,只有一个个试来。答案就是老鼠从8号门进去,只有这样才能一次吃完所有的点心,然后从A号门出去。首先排除的是几号图所示。

从8号门进去。

17. 阿拉伯人的头巾

　　大家找到美美，总算松了一口气，不过还是提醒她，下次不要一个人离开大家了。美美也有点不好意思，保证一定不会这样了。正说着，她又看见一条头巾做成的漂亮图画，于是乖乖地叫上大家一起走过去看。

　　阿拉伯国家的人喜欢戴头巾，他们的头巾各式各样，十分好看。这里的这块带刺绣的正方形头巾是由很多个小正方形组成的。

你能数出头巾中共有多少个正方形吗？

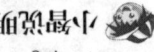

17. 11个。

小露笑眼

最小的正方形有5个，中等的正方形有5个，还有1个最大的正方形，一共有11个正方形。

18. 顽皮的猫

这大概是艺术展上的最后一道谜题了，小伙伴们都感到有些疲惫，但是却意犹未尽，格外地珍惜解决每一道谜题过程中的趣味体验。

画面上的这只小猫非常顽皮，有一次它爬到桌子上把挂钟摔成了两块，主人抓它时发现两个半块钟表面上的数字之和恰巧相等。

 请问：挂钟到底是从什么地方裂开的呢？

谜底说明

钟表上的数字为1~12，相加以后的总和是78，其中的一半就是39，就是说每半块钟表面上的数字加起来等于39。由于半块面上数字之和相等是奇数39，所以我们必须把其中3和4，9和10之间分开。上半部分下半部分的数就都是39了。因此，挂钟表面是从3和4，9和10之间裂开的。

3和4，9和10之间裂开的。

19. 聪明的探长

一天的艺术展参观终于结束了,小伙伴们都累得筋疲力尽,正准备一起回家,却在大门口遇见了布瓜博士的好朋友雷顿探长。雷顿探长格外高兴,又讲起博士的谜题帮他脱险那次的经历。

一帮歹徒把雷顿探长和他助手的双手绑在一起后(如图)就离开了。歹徒们以为雷顿一定逃脱不掉,但是聪明的雷顿没有利用任何工具就毫不费力地解开了绳子,摆脱了困境。

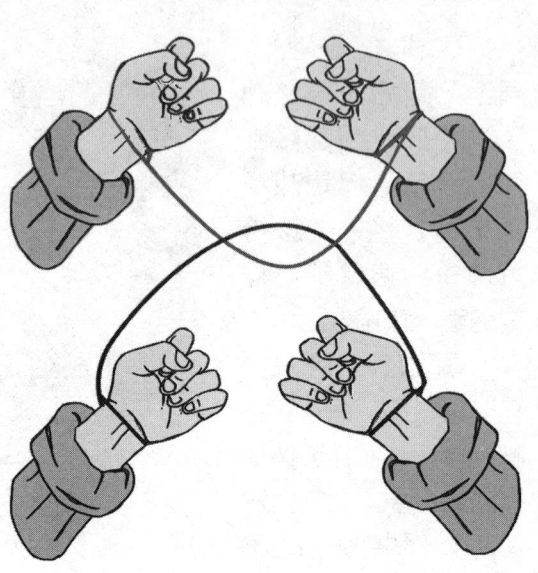

 你知道他是怎样解开绳子的吗?

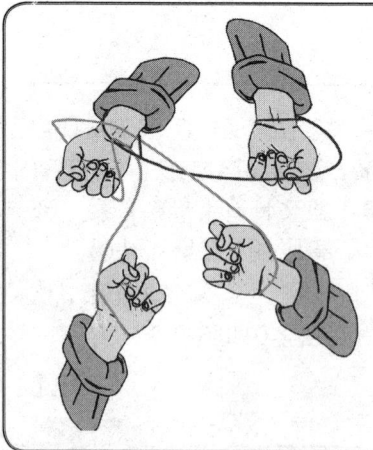

 博士说明

19. 雷顿探长让他的助手从他们捆绑长的绳子,使他助手的绳子绕另一端的手腕上的绳圈,然后从绳圈中拉出,只能套入一只手腕,然后把绳圈绕过他手腕上的绳圈,就可以把绳套从他的手中脱出,他们就自由了。

第八篇

分析游戏

1. 奇怪的现象

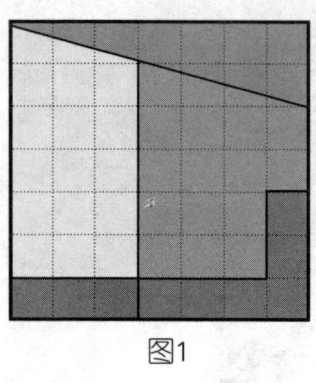

图1

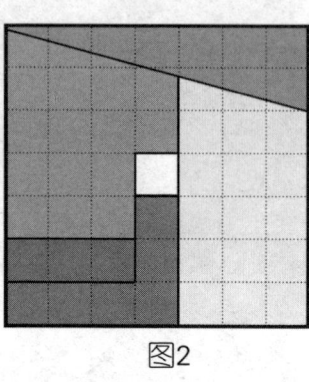

图2

布瓜博士在一次世界解谜大会活动中认识了一位美国的魔术师，他说他发现这样一个奇怪的现象：一个正方形被分割成几小块后，重新组合成一个同样大小的正方形时，它的中间居然出现了一个洞！

魔术师把一张方格纸贴在纸板上，按图1画上一个正方形，然后沿图示的直线剪切成5小块。当他按照图2的样子把这些小块重新拼成正方形的时候，中间真的出现了一个洞。

图1的正方形是由49个小正方形组成的，图2的正方形却只有48个小正方形。究竟出了什么问题？

那个小正方形到底跑到哪儿去了呢？

 马上浪漫

1. 小正方形并没有丢失。

5 小块图形中最大的四块并没拼成了一个正方形之后，整体外形实际上比原来的大小正方形要稍微变宽了一点点。这宽出来的那一部分正方形正好是1个小正方形的面积。从图面上看起来好像没有什么变化，它的面积增加了，小正方形所占的面积便相对地减少了，所以看起来好像多出了一个洞似的。

2. 优优家的小鸭子

优优家有两只刚出生不久的小鸭子，美美知道了乐颠颠地要来看。优优为了防止小鸭子乱跑，就用8根木条分别围成了两个互不相连的正方形，将小鸭子放在里面。

这时，好心的邻居又送来了一只小鸭子，可是优优家没有多余的木条了，她该怎样用这8根木条围成3个正方形，让3只鸭子分别住进3个正方形里呢？

 你能帮优优解决这个问题吗？

2. 美美说：把其中的4根木条都截成原来长度的一半，然后放在木条上拼起来，如右图所示。

3. 奇怪的现象

迪奥找来一个棋盘,想让小智教他下围棋,可是小智也不是很会,于是两个人玩起了棋子游戏。小智在棋盘上放上了6颗黑色棋子,让迪奥在棋盘上放上8颗白色棋子,要求使得:

① 每条横线上和竖线上都有3颗棋子。
② 9个小方格的边上都有3颗棋子。

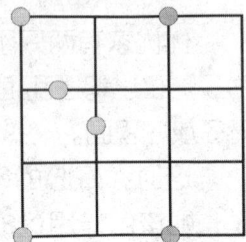

你能按要求完成吗?

4. 母鸡下蛋

迪奥决定也要考小智一道谜题,他想来想去,拿来棋盘,指着白色棋子说:"假设这些棋子是母鸡下的蛋,棋盘是蛋格子。我先放两个鸡蛋在蛋格子里,要求蛋格子中每行(包括横、竖和斜行)中的鸡蛋都不超过两个。"

提示:图中已经有两个鸡蛋在对角线上,因而不能再在这条对角线上放蛋了。

母鸡总共能在蛋格子里下多少蛋呢?你能把那些蛋都放进格子里相应的位置吗?

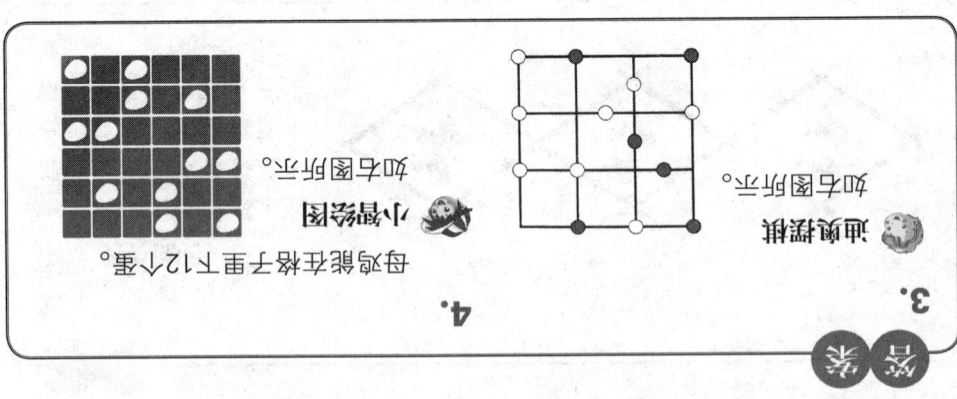

5. 魔方的颜色

美美正在全神贯注地玩三阶魔方，小智走过来，随口问道："你知道这个魔方上有几个小立方体一面是彩色的，有几个小立方体两面是彩色的，有几个小立方体三面是彩色的，有几个小立方块四面是彩色的，有几个立方体所有的面都没有彩色的吗？"

美美一愣，仔细想了起来。

 你知道这道题的答案吗？

 美美说明

这个三阶魔方中有6个小立方体一面是彩色的；12个小立方体两面是彩色的；8个小立方体三面是彩色的；没有小立方体四面是彩色的；1个立方体所有的面都是彩色的。

这是因为魔方被分割一个立方体，有6个面8个顶角12条边，又分为27个立方体。每个面看中间的小立方体只有一面是彩色的，每个顶角上的小立方体有三个面是彩色的，而每条边中间的小立方体有两面是彩色的，整个被剥下来中间的小立方体所有的面都不是彩色的。

6. 不湿杯底

在实验室里，布瓜博士正要给小伙伴做一个实验：有一个玻璃杯，杯子底部的里面是干的，现在把杯子放进装满水的水盆里，但要使杯子的底部仍然保持是干的。

 你知道应该怎样做吗？

7. 复杂的碑文符号

布瓜博士的一位好朋友刚刚在希腊进行完考古发掘，使得一批奇异的古代遗迹重见了天日。他发现在很多纪念碑的碑文上反复出现着下面这个由圆和三角形组成的符号，于是拓了下来带给布瓜博士研究。

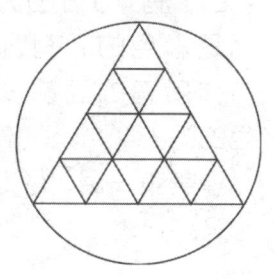

布瓜博士发现这个图形可以一笔画出，并且线条都不重复。不过，如果采取那种更为一般的，允许同一线条可以随意重复画过的画法，只是要求用尽可能少的转折一笔画出这个图形，它无疑会成为很好的一道趣味题。

 你知道他是怎么画的吗？

6. 把杯子倒扣放进水里。

说明：

把杯子倒扣放进水盆里，这时杯子里面因为满了空气，由于空气的压力，水就不会流进来，杯子底部就不会被弄湿了。

7. 博士绘图

这个图可以只经过14个转折而一笔画成，如右图所示。

起点（终点）

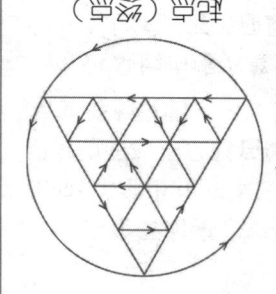

8. 台历日期

假日里，3个小伙伴在一起讨论收集谜题的计划。美美手里拿着一个台历在计算日期，她突然问小智说："这个台历上有3个斜着的日期，它们的数字之和是42。"

 请问：这3个日期是哪3天呢？

9. 断开的风铃花

美美是一个喜欢动手动脑的女孩子，她最喜欢做的手工制作就是风铃花。这一天，她制作了6朵风铃花，用一根1米长的绳子每隔0.2米系上一朵刚刚好。可是她一不小心用剪刀剪坏了其中的一朵，重新制作的话又没有多余的塑料彩纸了。现在还是要求0.2米系一朵，绳子上不能留下空白。

 美美到底应该怎样系呢？

9.

美美说明

连成一个圈圈。

因为并没有要求美美用5朵风铃花摆成一个圈，所以可以把5朵风铃花首尾相接系成一个圈，就不会因为相接而留下空白了。

8.

6号、14号、22号。

小智说明

如果这3个日期分别是星期二、星期三、星期四（如果星期三的那天等于三天中的可以），假设星期三的日期为X，则(X-8)+X+(X+8)=42。这样可以得出X=14。所以这三天应该是6号、14号和22号。

10. 坐哪一辆车

迪奥每天都乘坐公共汽车上学。距离迪奥家不远处就有一个公共汽车站。这里的汽车和电车都是每隔10分钟来一次，票价也一样。只是汽车开过之后，隔4分钟电车才来，再过6分钟下一趟汽车又开过来。

 根据这些信息，迪奥到底坐哪一辆车更省时更划算呢？

11. 谁胜谁负

小智和迪奥比赛，交替说出1到10中自己喜欢的数字，并把每次两人说出的数连续相加求和，最后求出的总和达到或者超出100的就算输了。

 小智想来想去，到底怎么做才能一定取胜呢？

10. 迪奥说明

哪辆车先来就坐哪一辆，因为价钱都一样，而且到圆的时间也相差无几，没有必要非要等着什么车来。

11. 小智说明

让迪奥先说，然后自己说出的数加上对方说出的数的总和等于11。这次推，只要他们所说的数的总和关到99的时候，即便对方说的是"1"，他也会输。

144

12. 午夜的尖叫

早晨，布瓜博士接到了雷顿探长的紧急电话，原来前一天晚上发生了一件凶杀案。

午夜前后，邻居们听到了一声惨烈的尖叫声。清晨醒来才发现隔壁的莫古力先生被杀害了。负责调查的警察向邻居们了解案件发生的确切时间。一位邻居说是12时08分，另一位老太太说是11时40分，对面杂货店的老板说他清楚地记得是12时15分，还有一位绅士说是11时53分。但经过调查发现这4个人的表都不准确，在这些人的手表里，有一个慢25分钟，一个快10分钟，还有一个快3分钟，另外一个慢12分钟。

 布瓜博士是怎样帮助警察确定作案时间的呢？

博士说明

作案时间是12时05分。

这是一个看起来并非很简单的时间问题，从表面上看你的4块手表（12时15分）中减去表快的时间（10分钟）就行了；或者将慢了的手表（11时40分）加上减慢的时间（25分钟）也可以得出相同的答案，也就是作案件发生的时间为12时05分。

在分析问题的时候，最重要的是找到其正确的思路，而且你计算的时间分数应该是相同的。

13. 水果密码

经过破译敌人密码,已经知道了"香蕉苹果大鸭梨"的意思是"星期三秘密进攻","苹果甘蔗水蜜桃"的意思是"执行秘密计划","柑橘香蕉哈密瓜"的意思是"星期三的胜利属于我们"。

 那么,"大鸭梨"的意思是什么?

13. 进攻。

 甲:"苹果甘蔗水蜜桃"推出"苹果"是"秘密"的意思,甲:"柑橘香蕉哈密瓜"推出"香蕉"是"星期三"的意思,所以"大鸭梨"的意思是"进攻"。

14. 三位不会游泳的人

布瓜博士一行三人去野外考察，来到一条河边。他们必须要过河到对岸，但是河上没有桥。这时河上正在划船的两个小孩想帮助他们。可是这只船太小了，一次只能搭载一个成人或两个小孩，如再加上一个小孩船就会沉下去，而岸上的布瓜博士3个人都会划船却不会游泳。

请问：他们要怎么做才能让所有人都顺利到达对岸呢？

小瓜说明

他们要往返6次。

第一次，两个孩子先一起划到对岸，甲一个孩子把船划回来（另一个小孩留在对岸）。

第二次，船划到对岸来的孩子留在岸上，换上一个大人划到对岸，原来岸上的孩子再把船划回来。

第三次，两个孩子再一起划过河，其中之一再把船划回来。

第四次，第二个大人划过河，小孩再用留在岸上的小船划回来。

第五次，同第三次。

第六次，第三位大人划过河，小孩再把船划回来，所有人都顺利及到对岸。

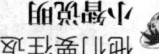

15. 暗藏陷阱的藏宝图

布瓜博士考察回来带回了一张藏宝图，但是其中也暗藏了一些陷阱。

从下面的方格里，找出其中隐藏的五处宝藏。方格下方绘有一些宝藏图案。在这些图案里，一处宝藏是占据了3个方格（宝藏三），另外两处宝藏共占据了2个方格（如宝藏一），还有两处宝藏各占据了2个方格（宝藏二）。在方格右边和顶部各有一排数字，表示在每行及每列中隐藏的宝藏所占的方格数。

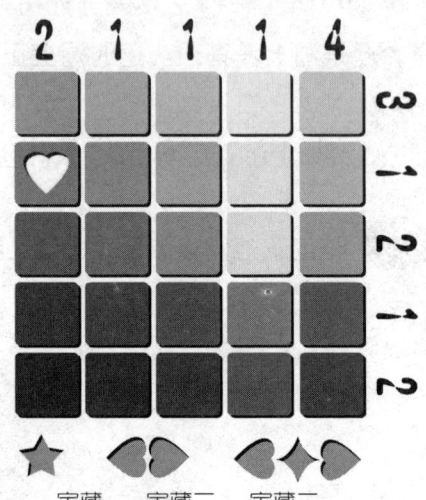

除此之外，每个组合的宝藏图，一定是水平或直立的；而且一处宝藏与另外一处宝藏之间绝对不会彼此贴近，或位于彼此的对角位置。在方格中已绘有宝藏二的半个图，作为答案指南，这半个图如图中所示。

另外还需要注意的是，在这些方格中，每格代表的若不是宝藏，就必定是陷阱。

 你能寻找到这些宝藏吗？

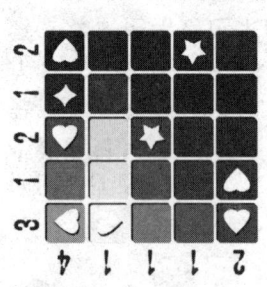

参考文献

[1] 彭爱华.提升孩子CQ的60个秘诀[M].北京：中国纺织出版社，2008.

[2] 彭爱华.提升孩子IQ的60个秘诀[M].北京：中国纺织出版社，2008.

[3] 彭爱华.提升孩子EQ的60个秘诀[M].北京：中国纺织出版社，2008.

[4] 武瑛娟.越玩越聪明：开发多元智能的600个全能思维游戏[M].北京：中国城市出版社，2007.

[5] 武瑛娟.越玩越聪明：激发无限潜能的600个全脑思维游戏[M].北京：中国城市出版社，2006.

[6] 秦志.聪明人的思维游戏：进阶版[M].北京：海潮出版社，2006.

[7] （美）莫斯科维奇.一千个思维游戏[M].海口：南海出版公司，2005.